Tatort Schängel-Stadt

Von Ulrike Puderbach

D1666553

Buchbeschreibung:

Drohungen und Graffiti an einer Garage, ein toter Journalist im Wald und ein Mordanschlag in Puderbach - der beschaulich anmutende Westerwald wird zum Schauplatz gleich mehrerer Verbrechen.

Ein ehemaliger Kommissar wird bedroht – an seine Garage wird das Wort „Betrüger" geschmiert, sein Wagen wird in einem Parkhaus zerkratzt und ihm wird ein Fenster mit einem Stein eingeworfen, um den ein Zettel gewickelt ist.

Und noch während die Ermittlungen aufgenommen werden, geschehen ein Mord und ein Mordanschlag und Tom Kunz erlebt in seinem Praktikum seinen ersten "richtigen" Fall. Aus einem anfänglichen Bagatellfall wird plötzlich ein Wettlauf gegen die Zeit, denn weitere Leben sind in Gefahr.

Doch damit nicht genug, stehen auch eine Menge Veränderungen in seinem Leben und dem seiner Familie an.

Über die Autorin:

Ulrike Puderbach wurde 1972 in Wuppertal geboren. Nach dem Abitur in Rheinland-Pfalz und einer technischen Ausbildung studierte sie Sprachpädagogik an der Johannes-Gutenberg-Universität in Mainz und technische BWL an der Hochschule Koblenz, Standort Remagen.

Ihre Leidenschaft war von jeher das Schreiben und nach der Veröffentlichung eines Lehrwerks für technisches Englisch war "Eiskalte Erinnerung" ihr erster Kriminalroman. Inzwischen sind mit "Blinder Hass", "Abpfiff", "Bittere Vergeltung", "Mord im Eifelpark" und "Todesengel" fünf weitere Romane um die Kommissare aus Hannover und die Kinderbücher "Der Schängel-Schatz", "Vitaminzwerg und Kräuterkobold" und "Familie Regenwurm / Die Rengsdorfer Mäuse" dazu gekommen. Im Oktober 2018 erschien der Koblenz-Krimi „Der Vollstrecker – Die Heyerberg-Morde" bei Südwestbuch; ein Kriminalroman, der auf einer wahren Begebenheit beruht. Im Frühjahr 2023 erschien "Fingerkuppe im Gurkensalat" - ein Geschichtenbuch aus dem Rettungsdienst-Alltag.

Heute lebt sie mit ihrer Familie in einem kleinen Ort im Westerwald zwischen Köln und Koblenz und arbeitet hauptberuflich als Rettungssanitäterin in Koblenz. In ihrer Freizeit treibt sie Sport, liest Krimis und historische Romane, fotografiert und engagiert sich ehrenamtlich in ihrer Region.

"Showdown im Westerwald" ist der erste Band der Krimi-Reihe "Tatort Schängel-Stadt", die in Koblenz und dem Umland spielt.

Sie ist Mitglied bei den „Mörderischen Schwestern", der Vereinigung für deutschsprachige Krimiautorinnen und dem „Syndikat", der Autorengruppe deutschsprachige Kriminalliteratur.

Tatort Schängel-Stadt

Showdown im Westerwald

Von Ulrike Puderbach

1. Auflage, 2023

© Ulrike Puderbach – alle Rechte vorbehalten.

www.ulrike-puderbach.de

Coverfoto / Coverdesign

© Art of Jane – http://artofjane.de

Lektorat

Carolin Hummel, Taufkirchen

Prolog

Westerwald. Es war ein dunkler und regnerischer Abend im Juni, als er gemeinsam mit seiner Lebensgefährtin in dem beschaulichen Dörfchen im Westerwald in die schmale Seitenstraße, in der er wohnte, einbog. In der Mittelkonsole seines SUVs lag die Fernbedienung für das Garagentor, die er schon gut 30 Meter vor der Einfahrt betätigte, um direkt durchfahren zu können.

„Das Essen war wirklich gut heute. Thomas und seine Frau haben sich eine Menge Mühe gemacht. Und es war alles sehr liebevoll angerichtet", merkte Renate an, bevor sie aus dem Auto ausstieg.

„Es war in Ordnung, aber ich habe schon besser gegessen", brummte er als Erwiderung. „Und die Leute, die auf diesem Geburtstag waren – naja, die meisten davon hätte ich nicht wirklich haben müssen."

„Ich weiß nicht, was du immer hast." Seine Freundin schüttelte den Kopf. „Es war ein ganz normaler Geburtstag und immerhin waren eine Menge deiner ehemaligen Kollegen auch da."

„Die mit ihrem mickrigen Polizistengehalt Extraschichten schieben müssen, um sich einmal im Jahr mit ihrer Familie zwei Wochen Urlaub im Allgäu oder an der Nordsee leisten zu können. Und wer von denen erreicht meine Aufklärungsquoten?", schob er noch hinterher.

Renate war genervt. Dauernd dieselbe Diskussion um seine Person. „Ich glaube nicht, dass du alle deine Fälle ohne die Hilfe deiner Kollegen gelöst hast. Und darf ich dich daran erinnern, dass auch du als normaler Streifenpolizist angefangen hast, bevor du zum K11 gehen konntest?"

Seit er nach seiner Pensionierung einige Kurzauftritte im regionalen Fernsehen gehabt hatte, schien er sich für eine Art Celebrity zu halten, der etwas Besseres war als die Polizisten, zu denen er noch vor wenigen Jahren auch gehört hatte. Ihr, die sie noch mit beiden Beinen als Abteilungsleiterin einer renommierten Werbeagentur mitten im Leben stand, ging seine Sucht nach Publicity und öffentlicher Aufmerksamkeit inzwischen mächtig auf die Nerven. Sein ganzes Leben drehte sich nur noch um öffentliche Auftritte und seine großartigen Erfolge. Sie hatte schon einige Male mit dem Gedanken gespielt, ihren eigenen Weg zu gehen, doch letztlich war es die Bequemlichkeit, die sie bei ihm bleiben ließ.

Sie verließen die Garage. Renate ging, ohne sich ein weiteres Mal umzudrehen, auf die Haustür zu. Sie war müde und wollte ins Bett.

„Diese Schweine!", schallte es plötzlich durch die Nacht und über die Einfahrt.

Sie drehte sich erschrocken um und wusste zunächst gar nicht, was los war. Dann sah sie es auch. Quer über das breite Garagentor war mit roter Farbe das Wort „BETRÜGER" gesprüht. Die Farbe war durch den feuchten Untergrund nicht direkt angetrocknet und so war sie teilweise nach unten verlaufen. Mit ein bisschen Phantasie sah es aus, als wäre dort Blut nach unten getropft.

„Da solltest du wohl morgen deine ehemaligen Kollegen aufsuchen und das ganze zur Anzeige bringen", sagte sie trocken. „Mach ein paar Fotos mit dem Handy und dann fährst du am besten morgen früh nach Koblenz und erstattest Anzeige gegen Unbekannt."

Mit diesen Worten drehte sie sich um, schloss die Haustür auf und ging hinein. Natürlich war es ärgerlich, aber im Moment nicht zu ändern. Und außerdem war es ja schließlich sein Haus und nicht ihres.

Wutschnaubend zog er das Handy aus der Tasche und machte mehrere Fotos von dem beschmierten Garagentor aus verschiedenen Perspektiven. Was, wenn die Nachbarn das morgen früh bei Tageslicht sehen konnten? Er wusste, dass er mit dem Abwaschen eigentlich mindestens bis nach dem Besuch auf dem Polizeirevier hätte warten sollen, doch vor dem Gerede graute ihm. Schließlich war er ein honoriger Kriminalhauptkommissar a.D., da sollte es keinen Anlass für Tratsch im Dorf geben. Gleich in der Früh würde er einen Reinigungsdienst bestellen, der das Garagentor in Ordnung bringen sollte. Und die Anzeige gegen Unbekannt würde sowieso nichts bringen, also konnte er sich den Aufwand auch sparen.

15. Juni 2018
Freitag, 09:15 Uhr

Westerwald. „Ich möchte, dass Sie heute Vormittag noch vorbeikommen und die Sauerei vom Garagentor entfernen", brüllte Kommissar a.D. Hofbauer in den Hörer seines Telefons.

„Ich kann sehr gut verstehen, dass Sie die Reinigung so schnell wie möglich wünschen", erwiderte sein Gegenüber am anderen Ende der Leitung, „aber es ist Freitag, Urlaubszeit und wir haben eine Menge Aufträge."

Hofbauer verzog mürrisch das Gesicht, während er zuhörte. Dann polterte er erneut los. „Es ist mir egal, ob Sie Personalmangel haben und andere eilige Aufträge. Sie wissen hoffentlich, wer ich bin und eine Persönlichkeit mit meinem Rang kann sich solche Schmierereien am Haus nicht leisten."

Offensichtlich hatte der Chef der Reinigungsfirma zugestimmt, noch am selben Tag einen Mitarbeiter vorbeizuschicken, denn die Adern an Hofbauers Hals, die während des Gesprächs gefährlich angeschwollen waren, entspannten sich langsam.

„Was ist denn nun schon wieder los?" Hofbauers Lebensgefährtin Renate kam aus dem Bad. Wegen der Geburtstagsfeier am Abend zuvor wollte sie heute später ins Büro, zumal am Abend noch ein Kundentermin in der Stadt anstand und es voraussichtlich spät werden würde. „Musst du hier schon morgens so cholerisch in der Gegend rumbrüllen?"

Hofbauer winkte mürrisch ab. „Gut, ich erwarte Ihren Mitarbeiter bis heute Mittag, damit heute Nachmittag mein Garagentor wieder so aussieht wie vorher." Mit diesen Worten knallte er das Mobilteil des Telefons auf die Anrichte.

„Alles faule Idioten", brummte er. „Da braucht man einmal eine Firma und dann haben sie alle plötzlich eilige Aufträge."

„Es ist ja auch nichts Lebenswichtiges", versuchte Renate, ihn zu beschwichtigen. „Es funktioniert ja alles noch, also kein Grund, gleich so auszurasten." Sie konnte nicht verstehen, dass er so einen Aufstand machte.

„Es geht nicht darum, dass das Tor nicht funktioniert", maulte er. „Aber je länger die Schmiererei dort ist, desto mehr Leute sehen es und du weißt doch, wie schnell die Leute reden."

„Und? Was ist daran so schlimm, wenn die Leute es sehen?", wollte Renate wissen. „Du bist das Opfer einer Sachbeschädigung, eventuell eines Dummejungenstreichs geworden, aber davon geht die Welt doch nicht unter. Und was sollen die Leute schon darüber reden?"

„Immerhin stehe ich als Person politisch und privat in der Öffentlichkeit", erwiderte er. „Da ist so etwas ein gefundenes Fressen für meine Neider."

‚Schon wieder diese Leier', dachte sich Renate, sprach es jedoch nicht aus, sondern sagte laut: „Dann lass das Garagentor doch einfach so lange offen, wenn es dir so wichtig ist, dass niemand etwas sieht. Du kannst es gleich aufdrücken, ich muss nämlich los. Und warte nicht auf mich, es wird heute Abend wahrscheinlich später."

In der Haustür drehte sie sich noch einmal um und fragte beiläufig: „Hast du den Vorfall schon zur Anzeige gebracht? Das solltest du vielleicht machen, bevor alle Spuren von der Reinigungsfirma vernichtet werden."

„Wenn ich eine Anzeige gegen Unbekannt schreiben lasse, bringt das doch eh nichts", murrte er. „Die füllen ein Formular aus und nach ein paar Wochen kriege ich dann Bescheid, dass das Verfahren eingestellt wurde, weil die Täter nicht ermittelt werden konnten. Ich lasse das reinigen, und zwar so schnell wie möglich."

„Deine Entscheidung." Renate zuckte die Achseln. „Mir soll es egal sein. So, bis heute Abend."

Nachdem die Haustür hinter ihr zugefallen war, setzte er sich an den Esstisch und trank einen Kaffee. Seine Wut verrauchte nur langsam. Die Anzeige würde nichts bringen, die Reinigung kostete ihn eine Stange Geld. Er könnte eine Kamera vor dem Haus installieren, aber wahrscheinlich war das hier eine einmalige Sache und den Aufwand nicht wert.

Koblenz. Freitags war im Koblenzer K11 immer ein gemeinsames Abteilungsfrühstück angesagt, für Tom das zweite Mal seit Beginn seines Praktikums, dass er daran teilnahm. Seit 1. Juni machte er sein viermonatiges Praktikum bei der Mordkommission in Koblenz, bevor am 1. Oktober seine Ausbildung auf der Landespolizeischule beginnen würde. In seinen ersten beiden Wochen war nicht viel Aufregendes passiert, Mord hatte es keinen gegeben und seine ersten Aufgaben hatten vorwiegend darin bestanden, Akten zu sortieren. Allerdings hatte er dabei auch oft die Gelegenheit gehabt, einen ersten Einblick in alte Fälle zu nehmen, und hatte sich Tatortfotos ansehen können.

„Und wie haben dir die ersten beiden Wochen deines Praktikums gefallen?", fragte sein Kollege Frank Jörgens, der ihn während des Praktikums betreute, als sie sich mit Brötchen und Kaffee am Tisch im Besprechungsraum niedergelassen hatten.

„Bis jetzt gut, auch wenn ich natürlich gerne bei den Ermittlungen zu einem richtigen Mordfall dabei wäre", gab Tom mit einem etwas verschämten Grinsen zu.

„Das ist doch klar." Jörgens war mit Leib und Seele Polizist und konnte sich noch gut daran erinnern, dass es ihm zu Beginn genauso gegangen war. „Aber das kommt schneller, als du denkst, verlass dich drauf."

„Das ging mir auch so." Jonas Weber, der zweite Ermittler im Team, setzte sich mit einem breiten Grinsen dazu und biss herzhaft in sein Brötchen. „Und als es dann endlich soweit war, war ich so aufgeregt, dass ich beinahe alles vergessen hätte, was ich vorher in der Polizeischule gelernt hatte."

„Ich hoffe, das passiert mir nicht", sagte Tom.

„Bestimmt nicht", beruhigte ihn der junge Kollege. „Du kommst doch aus einer Polizistenfamilie, dein Vater ist doch auch bei der Kripo?"

„Robert ist nicht mein leiblicher Vater, aber er hat mich adoptiert, nachdem er meine Mutter geheiratet hat. Aber für mich ist er mehr Vater als es mein leiblicher Vater je war", gab Tom freimütig zu.

„Warum hast du denn dein Praktikum nicht bei ihm in Hannover gemacht?", schaltete sich Jörgens jetzt wieder in das Gespräch ein.

„Ich wollte nicht unbedingt als der Sohn von KHK Kunz behandelt werden, sondern wie jeder andere Praktikant auch", erklärte er. „Und mein Vater fand es gut, dass ich auch noch etwas Anderes vor der Ausbildung sehen wollte."

21. Juni 2018 – Donnerstag, 16:15 Uhr

Koblenz. Hofbauer verließ das Gerichtsgebäude in der Karmeliterstraße in Koblenz. Er hatte als Zuhörer einem Prozess gegen einen Straftäter beigewohnt, dessen Vater er während seiner aktiven Zeit als Kriminalkommissar schon hinter Gitter gebracht hatte. Er konnte nicht wirklich von seiner aktiven Laufbahn loslassen; die Zeit, in der er als Mordermittler des K11 immer wieder im Rampenlicht gestanden hatte, fehlte ihm, und deswegen nutzte er auch jede Gelegenheit, bei Gerichtsverhandlungen und anderen Terminen in der Öffentlichkeit in Erscheinung zu treten. Die Jagd nach Publicity war zu einer Art Obsession geworden, der er akribisch nachging. Von dem heutigen Prozess war er ein wenig enttäuscht, mit keinem Wort war seine spektakuläre Verhaftung des Vaters fünfzehn Jahre zuvor erwähnt worden. Der junge Mann war wegen mehrerer Betrugsdelikte und Diebstähle als Wiederholungstäter zu einer zweijährigen Haftstrafe verurteilt worden.

Langsam ging er die Karmeliterstraße hinunter, bog dann in die Rheinstraße ein und ging zum Konrad-Adenauer-Ufer hinunter, um dort noch einen Kaffee zu trinken. Sein Auto hatte er in einer Nebenstraße unweit des Cafés geparkt. Dahin würde er später zurückgehen. Im Café am Rheinufer suchte er sich einen freien Tisch und blickte auf den Rhein, der im sommerlichen Licht dahinfloss. Er bestellte einen Kaffee, den er langsam trank, aber auch hier nahm niemand Notiz von ihm. Dabei war er doch erst vor wenigen Tagen mit einem großen Artikel, der sich mit einem seiner spektakulären Fälle befasste, in der Rheinzeitung gewesen.

„Zahlen bitte!" Mit einer herrischen Geste winkte er die Kellnerin heran, ein junges Ding, wahrscheinlich eine Studentin, die sich hier ihren Lebensunterhalt aufbesserte.

„Das macht dann 2,80€", sagte sie und reichte ihm einen Bon.

Er gab ihr vier Euro. „Stimmt so", sagte er mit gönnerhaftem Lächeln.

„Vielen Dank. Ich wünsche Ihnen noch einen schönen Tag", antwortete sie mit einem schüchternen Lächeln.

Als sie sich umdrehte und mit wiegenden Schritten davonging, schaute er ihr hinterher. Er stand auf diese jungen Dinger mit ihren weiblichen Rundungen und er ließ keine Gelegenheit aus, seine Wirkung auf Frauen einzusetzen. In den letzten Jahren hatte diese allerdings ziemlich nachgelassen und von Zeit zu Zeit suchte er Prostituierte auf, weil es zwischen Renate und ihm auch nicht mehr so gut lief. Bei seinen öffentlichen Auftritten himmelten ihn selbstverständlich immer die Damen gehobenen Alters an, aber er wollte Frischfleisch – junge, knackige Dinger, die ihn anschmachteten.

Er verließ das Café und schlenderte langsam in Richtung der Nebenstraße, in der er heute Morgen sein Auto abgestellt hatte. Lust nach Hause zu fahren, hatte er noch keine, aber er wusste auch nicht, wo er sonst hingehen sollte. Wenn er es genau betrachtete, hatte er nicht viele wirkliche Freunde. Natürlich wurde er noch regelmäßig zu Geburtstagsfeiern oder Abteilungsjubiläen im K11 eingeladen, aber das hatte in den Jahren seit seiner Pensionierung mit jedem Jahr mehr nachgelassen.

„Sind Sie es wirklich? Der Kommissar aus der Zeitung?" Eine weibliche, etwas schrill klingende Stimme riss ihn aus seinen Gedanken.

Er blieb stehen, drehte sich um und blickte in ein faltiges Gesicht, in dem die Spuren des Alters eindeutig von zu viel Schminke verdeckt worden waren. Die Frau strahlte ihn an, als hätte sie gerade einen Sechser im Lotto gehabt.

„Ich habe den Bericht über Sie in der Zeitung gelesen", plapperte sie los, ohne seine Antwort abzuwarten. „Und ich habe natürlich alle Ihre Bücher gelesen. Wann gibt es denn wieder ein neues Buch von Ihnen?"

„Oh." Auch wenn er die Frau maßlos unattraktiv fand, fühlte er sich dennoch ein wenig geschmeichelt, dass ihn letztlich doch noch jemand auf der Straße erkannt hatte. „Ich weiß noch nicht, wann es ein neues Buch geben wird. Ich habe einige Ideen, aber die Umsetzung wird noch ein wenig dauern. Da steckt ja auch eine Menge Arbeit in so einem Buch", erklärte er gönnerhaft.

„Das ist aber schade", sagte die ältere Dame mit ein wenig enttäuschtem Gesichtsausdruck. „Sie haben so spannende Dinge erlebt in Ihrer Karriere."

„Sobald es etwas Neues von mir gibt, wird es sicherlich auch wieder eine oder mehrere Veranstaltungen mit Signierstunde hier in Koblenz geben. Das steht aber dann auch in der lokalen Presse." Mit diesen Worten wandte er sich zum Gehen.

„Da bin ich ja dann sehr gespannt auf die neuen Geschichten", schwärmte die Frau weiter. „Ich könnte Ihnen stundenlang zuhören, wenn Sie all diese spannenden Fälle erzählen, die Sie erlebt haben."

„Ich muss jetzt leider weiter, ich habe noch Termine heute", beendete er die Unterhaltung. „Ich wünsche Ihnen noch einen schönen Tag."

„Ihnen auch", rief die Frau ihm noch hinterher, doch er drehte sich nicht noch einmal um.

‚Was für eine alte Schabracke', dachte er bei sich, als er in die Straße einbog, wo sein dunkler SUV seit heute Morgen stand. Doch was war das? Er traute seinen Augen kaum, als er sein Auto sah. Die komplette Fahrerseite war zerkratzt, teilweise waren in dem Lack so tiefe Riefen, dass man das Metall darunter sehen konnte.

„Verdammte Scheiße, was für eine gottverfluchte Scheiße ist das denn?", quetschte er wutentbrannt zwischen den Zähnen hervor. Er trat einen Schritt näher und sah im einfallenden Sonnenlicht das ganze Ausmaß der Zerstörung. Hofbauer zog sein Handy aus der Tasche und alarmierte die Polizei. Jetzt musste er eine Anzeige aufgeben, damit die Versicherung wenigstens einen Teil des Schadens übernehmen würde.

Zwischen zwei Hauseingängen im Schatten stand eine schlanke dunkle Gestalt und beobachtete, wie sich das Gesicht des pensionierten Kommissars zu einer wutentbrannten Grimasse verzerrte und er dann telefonierte. Hatte er es doch gewusst, dass er ihn bei seinem Auto an einer empfindlichen Stelle treffen würde. Und das war erst der Anfang seiner Rache – Hofbauer würde für all das büßen, was er ihm angetan hatte.

26. Juni 2018 – Dienstag, 19:00 Uhr

Westerwald. Hofbauer hatte den Tisch gedeckt, was er sonst eher selten tat, aber gestern Abend hatte es wegen der Geschichte mit dem Auto in der letzten Woche mal wieder einen Streit zwischen Renate und ihm gegeben. Das kam in letzter Zeit immer häufiger vor, also hatte er heute Abend beschlossen, etwas für den häuslichen Frieden zu tun. Es gab Parmaschinken, Käse und Baguette, dazu hatte er eine Flasche Rotwein geöffnet.

„Ich bin wieder zu Hause", ertönte Renates Stimme von der Tür her.

„Komm ins Esszimmer", rief er. „Ich habe eine Überraschung für dich."

Sie betrat das Esszimmer, nachdem sie im Flur ihre Jacke an den Haken gehängt und ihre Schuhe abgestreift hatte.

„Oh, du hast den Tisch gedeckt." Aus ihren Worten klang Überraschung und Freude. „Das trifft sich gut. Ich hatte einen Höllentag und ich habe Hunger." Sie ließ sich in den Stuhl fallen und streckte die Beine aus.

Er schenkte den Rotwein in zwei Gläser und begann, dünne Scheiben des Parmaschinkens mit dem Messer abzuschneiden.

Sie stießen an und nachdem sie den ersten Schluck des teuren Rotweins getrunken hatte, entspannte sie sich zusehends.

„Du glaubst gar nicht, mit was für Idioten ich mich den ganzen Tag herumschlagen muss", erzählte sie zwischen zwei Bissen, die sie hungrig kaute.

„Doch, das kann ich mir schon vorstellen", antwortete er, fest entschlossen, heute Interesse an ihrer Arbeit und Verständnis zu zeigen. Sie schien sehr erfreut über sein Interesse und plauderte während des Essens munter über Kunden, denen man es nie recht machen konnte und die immer, wenn ein Projekt kurz vor dem Abschluss stand, wieder eine grundlegende Änderung wünschten. Er hörte geduldig, wenn auch gelangweilt zu. Vielleicht würde sie ihn heute Abend sogar im Bett mal wieder ranlassen. Ihre Beziehung war seit langem eingeschlafen, es war die Gewohnheit, die alles in den üblichen Bahnen weiterlaufen ließ.

Er schenkte ihr gerade ein zweites Glas Rotwein ein, als es passierte. Dem Splittern von Glas folgte ein Knall, als ein Gegenstand durch die Wohnzimmerscheibe flog und auf dem Fliesenboden einige hässliche Risse und Kratzer hinterließ.

„Was zur Hölle ist das denn?" Renate stieß ihr Weinglas um, der dunkelrote Rebensaft lief über den Tisch und tropfte an der Kante hinunter auf den Boden. Sie war kreidebleich geworden, während er nur mit unbewegter Miene auf den unförmigen Gegenstand starrte, der jetzt unbeweglich auf dem Boden lag.

Langsam erhob er sich von seinem Stuhl, ging in die Küche, wo in einer Schublade Einweghandschuhe lagen, die die Putzfrau sonst benutzte, streifte einen davon über seine rechte Hand und hob den Gegenstand auf. Es war ein viereckiger Pflasterstein, um den ein DIN A4-Papier gewickelt worden war. Vorsichtig entfernte er es und faltete es auf. „DIE WAHRHEIT KOMMT ANS LICHT" stand dort in großen Druckbuchstaben und in blutroter Farbe.

„Was hat das alles zu bedeuten?" Renates Stimme klang leicht hysterisch. „Warum werden wir in letzter Zeit ständig bedroht?"

„Ich weiß es doch auch nicht", herrschte er sie ungeduldig an. „Wenn ich wüsste, wer dahintersteckt, hätte ich ja wohl längst etwas dagegen unternommen." Wütend knallte er das Blatt Papier auf den Tisch.

„Rufst du jetzt endlich mal die Polizei?", wollte Renate wissen. „Irgendetwas geht hier schließlich vor und ich sage dir eins: Ich werde für die nächsten Tage zu meiner Schwester ziehen, das wird mir hier alles zu gefährlich." Mit diesen Worten drehte sie sich um und ging die Treppe nach oben, um eine Tasche mit den nötigsten Sachen zu packen. „Dann hau doch ab", rief er nach. „Aber dann brauchst du so schnell auch nicht wiederzukommen."

Wütend riss er den Hörer des mobilen Telefons von der Station und wählte die Nummer der örtlichen Polizeistation, um Anzeige zu erstatten.

27. Juni 2018 – Mittwoch, 09:30 Uhr

Koblenz. „Ich erwarte, dass diese Schweinerei umgehend aufgeklärt wird." Mit diesen Worten stürmte Hofbauer in das Polizeipräsidium im Moselring und knallte dem Pförtner am Eingang das inzwischen in eine Plastiktüte verpackte Beweisstück auf den Tresen.

„Darf ich zunächst erfahren, wer Sie sind und worum es geht?", fragte der Pförtner, der es häufiger mit cholerischen Klienten zu tun hatte, ziemlich ungerührt. „Ihren Ausweis, bitte", fügte er noch hinzu.

„Was erlauben Sie sich eigentlich? Ich bin KHK a.D. Hofbauer. Wollen Sie etwa sagen, dass Sie mich nicht kennen?" Auf Hofbauers Stirn schwoll eine Zornesader.

„Und wenn Sie der Kaiser von China wären", sagte der Pförtner gleichmütig, „ohne Ausweis kommt niemand ins Präsidium. Und wenn Sie mir den gegeben haben, sagen Sie mir doch bitte auch noch, um welchen Sachverhalt es sich handelt, dann kann ich Sie entsprechend bei den zuständigen Kollegen anmelden."

„Ich werde mich über Sie beschweren", tobte Hofbauer weiter, während er seinen Personalausweis aus dem Portemonnaie zog und in das kleine Fach unter der Panzerglasscheibe legte.

„Das steht Ihnen selbstverständlich frei, Herr …", er warf einen Blick auf den Ausweis, „Hofbauer. Wenn Sie mir jetzt noch verraten, was Ihr Anliegen ist, melde ich Sie gerne an."

„Was wird das hier schon sein?" Hofbauer verdrehte ungeduldig die Augen zum Himmel. „Jemand hat mir diesen Stein mit dem Zettel durch mein Wohnzimmerfenster geworfen und ich will, dass dieses Schwein gefasst wird."

„Also eine Sachbeschädigung, da gehen Sie bitte in den ersten Stock, Zimmer 134 auf der rechten Seite des Ganges. Die Kollegen dort werden Ihnen mit Sicherheit gerne weiterhelfen."

Ohne ein weiteres Wort drehte Hofbauer sich um und ging die Treppe hinauf. An dem Zimmer mit dem Schild 134 klopfte er an und trat ein, ohne das ‚Herein' abzuwarten.

„Sie sind bestimmt Herr Hofbauer", wurde er von einer Polizistin Anfang Dreißig mit kinnlangen, blonden Haaren und bestechend blauen Augen begrüßt. „Nehmen Sie doch bitte Platz, ich bin Polizeikommissarin Westermann, das ist mein Kollege Polizeikommissar Schneider. Wie können wir Ihnen helfen?"

‚Eine Frau, auch das noch', dachte Hofbauer sich. ‚Wo ist die Polizei einmal hingekommen?' Dennoch übten die Augen der jungen Frau einen unwiderstehlichen Reiz auf ihn aus, gegen eine schnelle Nummer mit ihr hätte er nichts einzuwenden. Auch wenn er grundsätzlich nichts von Frauen im Polizeiberuf hielt, in Uniform sahen sie schon sehr sexy aus. Er setzte sich und legte die Tüte mit dem Beweisstück auf den Schreibtisch.

„Gestern Abend hat jemand diesen Stein, um den das Blatt Papier gewickelt war, durch mein Wohnzimmerfenster geworfen. Und bevor Sie jetzt fragen … Nein, ich habe niemanden gesehen, denn es war dunkel."

Die junge Frau blickte ihn unverwandt an. „Ich entnehme Ihren Worten, dass Sie Anzeige gegen Unbekannt erstatten möchten."

„Ich möchte, dass der Täter ermittelt wird", brauste Hofbauer auf.

„Das kann ich mir vorstellen, aber da Sie niemanden gesehen haben und auch keinen konkreten Verdacht haben, werden wir zunächst eine Anzeige gegen Unbekannt aufnehmen, damit danach ermittelt werden kann. Zunächst benötige ich dafür Ihre Personalien und den genauen Tathergang, soweit sie sich an Einzelheiten erinnern können, aber das wird Ihnen ja sicherlich alles bekannt sein."

Hofbauer beantwortete alle Fragen, die PKin Westermann ihm stellte und unterschrieb anschließend die Anzeige, die sie ausgedruckt hatte.

Zusammen mit einer Kopie der Anzeige wurde ihm der Sicherstellungsbeleg für den Stein als Beweisstück ausgehändigt.

„Haben Sie einen Verdacht, wer für diese Sachbeschädigung verantwortlich sein könnte?", fragte Susanne Westermann, nachdem der schriftliche Teil soweit erledigt war. „Hat es in der Vergangenheit ähnliche Vorfälle gegeben oder haben Sie Drohungen erhalten?"

Hofbauer schwieg zunächst, entschied sich dann aber, von den beiden vorangegangenen Vorfällen zu erzählen. Es war ja nicht auszuschließen, dass alle drei etwas miteinander zu tun hatten.

„Vor einigen Wochen wurde mein Garagentor beschmiert und in Koblenz wurde mein Wagen verkratzt", sagte er.

„Aber Drohungen haben Sie keine erhalten und es gibt auch aktuell nichts in Ihrem Leben, was die Grundlage für einen Racheakt sein könnte?", fragte die junge Polizistin weiter.

„Aktuell nicht, aber schließlich war ich jahrelang Beamter bei der Mordkommission, da gibt es wahrscheinlich genug Verbrecher, die sich liebend gerne an mir rächen würden." Hofbauer begann bereits wieder, ungeduldig zu werden. ‚Bevor die etwas herausfinden', dachte er bei sich, ‚habe ich den Fall wohl selbst gelöst.'

„Gut, dann werden wir uns zunächst die Leute vornehmen, die in Ihrer aktiven Zeit verurteilt wurden und kürzlich freigekommen sind. Und wenn Ihnen noch etwas einfällt, dann melden Sie sich bitte bei uns. Sobald wir erste Ergebnisse aus der KTU haben, hören Sie von uns."

Hofbauer stand auf, verabschiedete sich kurz und knapp und verließ dann das Dienstzimmer.

„Unangenehmer Zeitgenosse", sagte Susanne Westermann zu ihrem Kollegen. „Ich finde den unsympathisch."

„Hält sich eben wie die meisten Kriminaler für was Besseres", antwortete Schneider achselzuckend. „Aber auch die kochen nur mit Wasser."

28. Juni 2018 – Donnerstag, 18:30 Uhr

Westerwald. „Ich gehe noch eine Runde mit Rocky durch den Wald",
rief Johannes Köhler seiner Frau zu, nahm die Leine vom Haken und
hakte sie ins Halsband seines schon ungeduldig an der Tür wartenden
Schäferhundes.

„Viel Spaß euch beiden", antwortete seine Frau Maria aus der Küche.
Sie stand an der Anrichte und schälte die Kartoffeln fürs Abendbrot.
„Bleib nicht zu lange, ich bin in einer guten halben Stunde mit dem
Essen fertig."

„Alles klar", sagte er schon im Hinausgehen.

Es war noch hell, als er den Feldweg mit Rocky entlangging, der ihn
direkt in den Wald führte. Er liebte die Ruhe im Wald, das Rauschen der
Blätter, das manchmal wie ein Wispern klang und auf langen
Spaziergängen kamen ihm oft die besten Ideen für seine Kolumnen.
Gedankenverloren lief er zwischen den Bäumen entlang, Rocky
schnüffelte interessiert am Wegrand, als er plötzlich stehen blieb.

„Was ist denn los?", fragte Johannes und drehte sich um, doch weit
und breit war niemand zu sehen. „Siehst du, wir sind ganz allein hier
draußen."

Er ging weiter. Seine Gedanken kreisten um die Kolumne, die er
morgen früh für die örtliche Tageszeitung schreiben wollte.

„So langsam sollten wir uns wohl mal wieder auf den Heimweg
machen." Rocky hob den Kopf, sah ihn aufmerksam an und stellte die
Ohren in der für ihn so typischen Art auf.

Es knackte hinter ihm und Rocky bellte auf, aber es war schon zu
spät. Er spürte einen brennenden Schmerz im Nacken, der sich
zwischen den Schulterblättern ausbreitete. Rocky sprang auf den
Angreifer zu, doch der trat ihm mit einer Stiefelspitze mitten in die
Schnauze. Jaulend zuckte der Hund zurück, während sein Herrchen
leblos neben ihm auf dem Boden zusammensackte. Rocky leckte

seinem Herrchen verzweifelt über das Gesicht, doch Johannes rührte sich nicht mehr.

Nach einem letzten Blick auf den Journalisten wandte der Angreifer sich ab und ging. Sein Werk war vollbracht.

28. Juni 2018 – Donnerstag, 20:20 Uhr

Westerwald. Unruhig schaute Maria abwechselnd zur Uhr, die in der Küche über der Anrichte hing und in Richtung des Hauseingangs. Die Kartoffeln waren längst fertiggekocht und schon wieder fast kalt, aber Johannes war noch nicht zurück. Er hatte doch nicht so lange bleiben wollen und normalerweise konnte man sich immer auf ihn verlassen. Sie wartete noch weitere zehn Minuten, dann zog sie sich eine leichte Jacke über, schlüpfte in die Turnschuhe und nahm entschlossen den Haustürschlüssel vom Haken. Dass er nicht nach Hause kam, das musste einen Grund haben. Bestimmt war etwas passiert. Sie wusste ungefähr, welche Richtung er abends immer mit dem Hund nahm und folgte auf gut Glück dem Feldweg, der hinter dem Haus begann. An der Gabelung, an der es auf der einen Seite in den Wald und auf der anderen über das freie Feld ging, blieb sie kurz stehen und überlegte. Über die Felder hatte sie einen unverstellten Blick, aber es war weit und breit niemand zu sehen.

Sie formte mit den Händen einen Trichter um den Mund. „Johannes! Rocky!", rief sie, so laut sie konnte, doch nichts rührte sich.

Nach einem weiteren Blick über die in der Abenddämmerung daliegenden Felder, entschied sie sich für den Weg in den Wald. Sie folgte dem von hohen Bäumen gesäumten Pfad. Nach einigen hundert Metern rief sie erneut in den Wald hinein. Ihr war es egal, ob sie jemand hörte. Sollten die Leute sie für verrückt halten, das Einzige, was jetzt zählte, war Johannes. Immer noch Stille, kein Laut war zu hören außer dem Knacken der kleinen Äste unter ihren Füßen. Da war ein Geräusch, ganz leise, kaum zu hören, aber sie war sich sicher, es gehört zu haben. Sie blieb ganz still stehen und lauschte angestrengt in den Wald hinein. Da war es wieder – ein leises Winseln, kaum hörbar.

„Rocky", rief sie in die Richtung, in der sie das Geräusch vermutete.

Kalte Angst kroch in ihr hoch, als sie das Winseln erneut vernahm. Vorsichtig folgte sie dem Geräusch, bedacht darauf, nicht zu viel Lärm zu machen, um die Fährte nicht wieder zu verlieren. Das Winseln wurde lauter, je weiter sie in den Wald hineinging, es klang wie ein Wehklagen, wie ein Tier, das weinte. Nach zweihundert Metern sah sie das Bild, das ihr das Blut in den Adern gefrieren ließ. Auf dem Waldboden lag eine zusammengekrümmte Gestalt, daneben saß Rocky und wimmerte.

„Oh mein Gott, Johannes", hauchte sie. Das Blut sackte ihr in die Beine und ihr wurde schwarz vor Augen. Sie musste sich hinsetzen. Das Bild vor ihr brannte sich auf ihre Netzhaut, sie würde nie wieder vergessen. Sie wusste, er war tot, ohne dass sie seinen Puls gefühlt hatte. Sie spürte es ganz tief in ihrem Innern, so als würde ab jetzt ein Stück ihrer eigenen Seele fehlen, ein Stück, das Johannes mit sich genommen hatte.

Zehn Minuten vergingen, in denen sie reglos auf dem Boden saß, auf ihren toten Ehemann starrte und gedankenverloren ihre Finger in Rockys Fell vergrub, der immer noch leise winselte.

Nach einer gefühlten Ewigkeit zog sie ihr Handy aus der hinteren Tasche ihrer Jeans und wählte wie mechanisch die 110.

„Polizeinotruf Ransbach-Baumbach, Polizeikommissar Schramm, wo sind sie und was ist passiert?", erklang eine ruhige, warme Stimme am anderen Ende der Leitung.

„Mein Name ist Maria Köhler, ich bin im Wald am Ortsrand von Sessenbach und habe gerade meinen Mann tot aufgefunden", antwortete Maria wie automatisch. Sie fühlte sich wie eine Beobachterin von außen, so, als würde sie diese Szene wie in einem Traum sehen.

Polizeikommissar Schramm schluckte. Einen Mord hatte es während seiner Dienstzeit in dem beschaulichen Ransbach auch noch nicht gegeben. „Bleiben Sie, wo Sie sind", versuchte er, ruhig auf die Frau einzuwirken. „Ich schicke Ihnen sofort einen Streifenwagen. Können Sie mir beschreiben, wo Sie sich genau befinden?"

Er machte sich Notizen, während Maria mit emotionsloser Stimme den Weg aus dem Dorf hinaus in den Wald beschrieb. „Die Kollegen sind in zehn Minuten bei Ihnen", beendete er das Gespräch.

Die Streife war schon unterwegs, da kam ihm ein Gedanke. „Sollten wir nicht besser auch den Psychologen schicken?", fragte er seinen Kollegen, der ihm gegenübersaß und wie gebannt dem Telefonat zugehört hatte.

„Besser ist das wahrscheinlich", antwortete der. „Wer weiß, was da passiert ist. Puh, das ist schon echt mal ne Hausnummer, einen Toten hatten wir hier auch schon lange nicht mehr. Ich bin mal gespannt, was da rauskommt."

„Das werden wir wahrscheinlich sowieso nur noch aus der Zeitung erfahren", grummelte Schramm. „Wenn es etwas wirklich Interessantes ist, dann schnappen sich doch die Kollegen vom K11 in Koblenz den Fall."

„Leider wahr, aber so ist das nun einmal."

28. Juni 2018 – Donnerstag, 20:45 Uhr

Westerwald. Maria saß immer noch regungslos auf dem Boden, eine Hand im Fell des Hundes vergraben und starrte auf die Leiche ihres Mannes.

„Frau Köhler", sprach der Streifenbeamte sie vorsichtig an, als die beiden Polizisten sich ihr langsam näherten. „Ich bin Polizeikommissar Wagner und das ist meine Kollegin Schmidt. Sie haben uns gerufen. Wir wollen Ihnen gerne helfen."

Langsam wie in Zeitlupe drehte Maria Köhler sich um. „Mein Mann", sagte sie tonlos. „Er wollte nur mit dem Hund gehen."

„Wann hat er denn das Haus verlassen?", fragte PK Schmidt. Sie versuchte es von Frau zu Frau, denn die Zeugin schien völlig unter Schock zu stehen.

Maria schaute sie an wie Wesen von einem anderen Stern. „Ich weiß es nicht mehr so genau. Ich erinnere mich nur noch, dass ich dabei war, unser Abendessen vorzubereiten und ihm gesagt habe, er solle nicht so lange mit Rocky gehen. Das Essen war fertig und er war noch nicht zurück."

„Und dann haben Sie sich auf die Suche nach Ihrem Mann gemacht?"

„Man kann sich immer auf Johannes verlassen." Wie viele Angehörige von Mordopfern sprach auch Maria in der Gegenwart von ihrem Mann. Sie hatte den Verlust noch nicht realisiert.

„Also sind Sie dann in den Wald gegangen? Wussten Sie, wohin Ihr Mann meistens mit dem Hund gegangen ist?"

„Wenn man bei uns hinter dem Haus in diese Richtung geht, gibt es eigentlich nur zwei Wege – den über die Felder oder diesen hier in den Wald. Auf den Feldern habe ich Johannes nicht gesehen, also bin ich in den Wald gegangen und nach einer Weile habe ich einen Hund wimmern gehört. Hier habe ich dann Johannes und Rocky gefunden."

Inzwischen war auch der ebenfalls alarmierte Notarzt eingetroffen, konnte aber nur noch den Tod des Journalisten feststellen. Die Beamten der KTU kamen, machten Fotos und versuchten, mögliche Spuren zu sichern, was sich auf dem Waldboden allerdings als sehr schwierig erwies.

„Hier auf dem weichen Waldboden finden wir theoretisch zwar Unmengen Spuren, aber welche davon zu diesem Verbrechen gehören, ist nahezu unmöglich zuzuordnen", sagte der Untersetztere von den beiden zu seinem Kollegen, als er mit der Taschenlampe den Boden nach eventuellen Fußspuren absuchte. „Hier sind Fußspuren, aber die können auch vom Opfer selbst stammen oder von irgendwelchen Spaziergängern."

Er versuchte, einen Gipsabdruck zu gießen, brach das Unterfangen jedoch nur drei Minuten später mit einem über die Lippen gequetschten Fluch ab.

„Mist, das wird nichts", schimpfte er und nahm den Gips wieder vom Boden auf. „Das Zeug läuft überall hin, nur zu einem brauchbaren Abdruck wird das nicht. Das können wir hier getrost vergessen."

Mit dem sehr dürftigen Material machten sich die beiden wieder auf den Weg in ihr Labor, während der Notarzt die Leiche an die Männer von der Pietät übergab. Inzwischen waren die beiden Streifenbeamten mit Maria Köhler und dem Hund zurück zu ihrem Haus gegangen.

In der Küche ließ Maria sich auf einen Stuhl fallen, PK Schmidt goss ihr ein Glas Wasser ein, das sie annahm und in kleinen Schlucken trank, während sie gedankenverloren die Wand anstarrte.

„Hatte Ihr Mann Feinde oder gab es sonst Probleme?"

Maria schüttelte den Kopf. „Nein, Johannes war hier im Dorf und auch bei der Zeitung, für die er arbeitete, beliebt. Alle konnten ihn gut leiden und er war im Beruf überaus erfolgreich."

Die beiden Polizisten sahen ein, dass eine weitere Befragung von Maria Köhler kaum zum Erfolg führen würde. „Haben Sie jemanden, den Sie anrufen können, damit Sie heute Nacht nicht allein sind?"

Maria schüttelte den Kopf. „Ich habe hier keine Familie, aber ich brauche auch niemanden, ich habe ja Rocky", sagte sie mit einem Blick auf den Hund, der sich zu ihren Füßen niedergelassen hatte.

Die beiden Streifenbeamten verabschiedeten sich und verließen das freundliche Einfamilienhaus, in dem das Pärchen scheinbar sehr glücklich gewesen war.

„Ich habe kein gutes Gefühl dabei, sie jetzt hier allein zu lassen", sagte Theresa Schmidt zu ihrem Kollegen, als sie vor der Haustür in der Einfahrt standen.

„Ich auch nicht", stimmte Wagner ihr zu, „aber wir können sie nicht zwingen und jeder Mensch geht anders mit einem solchen Verlust um. Vielleicht braucht sie jetzt einfach die Ruhe."

„Ich hoffe nur, sie tut sich nichts an."

„Den Eindruck machte sie auf mich nicht. Der Hund ist jetzt total wichtig, der gibt ihr Halt, weil sie eine Aufgabe hat. Wäre der Hund nicht gewesen, hätte ich wesentlich mehr Bedenken, sie hier heute Abend allein zu lassen."

29. Juni 2018 – Freitag, 08:00 Uhr

Koblenz. „Guten Morgen." Tom betrat das Büro, in dem sein provisorischer Schreibtisch für die Dauer seines Praktikums neben denen der beiden Kollegen stand.

„Guten Morgen", begrüßte ihn Frank Jörgens.

Jonas Weber grinste breit. „Dein Wunsch ist in Erfüllung gegangen. Du brauchst dich gar nicht zu setzen, wir haben einen ungeklärten Todesfall im Westerwald. Du bekommst also heute deine erste echte Leiche geboten."

Tom war aufgeregt, aber er wollte es sich nicht zu sehr anmerken lassen. „Echt?", fragte er deshalb betont gelassen. „Was ist denn genau passiert?"

„Das erklären wir dir auf dem Weg zum Tatort."

Sie stiegen in den Dienst-BMW ein, Tom nahm auf der Rückbank Platz. Während Frank Jörgens fuhr, drehte sich Jonas Weber zu Tom um und setzte ihn über das ins Bild, was bereits bekannt war.

„Die Leiche des Journalisten wurde gestern Abend noch in die Rechtsmedizin gebracht, wir werden heute Vormittag erst einmal die Witwe und die Nachbarn befragen, um uns eine Basis für die Ermittlungen zu schaffen. Nach den Aussagen unserer Streifenkollegen handelt es sich bei dem Toten um einen unbescholtenen Journalisten, der überwiegend für den regionalen Bereich der Rheinzeitung gearbeitet hat und von Zeit zu Zeit wohl eine Art gesellschaftliche Kolumne für die Zeitung geschrieben hat. Außerdem hat er wohl einige Bücher veröffentlicht, beziehungsweise an verschiedenen Anthologien mitgewirkt. Er lebte mit seiner Frau, die halbtags als Sekretärin arbeitet, und seinem Hund in einem kleinen Dorf im Westerwald und arbeitete auch teilweise von zu Hause."

Tom legte die Stirn in Falten. „Das hört sich nicht nach jemandem an, dem irgendwer nach dem Leben trachtet", sagte er.

„Richtig.", stimmte Jonas Weber ihm zu. „Und gerade diese Tatsache wird unsere Ermittlungen in diesem Fall nicht leichter machen."

„Wie gehen wir denn jetzt heute vor?", erkundigte sich Tom, der so viel Wissen wie möglich aus diesem Praktikum in seine Ausbildung mitnehmen wollte.

„Wir sprechen zunächst mit der Witwe und versuchen, etwas über das private und berufliche Umfeld herauszufinden. Außerdem können wir soweit möglich die Nachbarn befragen und wenn wir es heute noch schaffen, fahren wir auch noch in die Redaktion und reden mit den Kollegen. Normalerweise gibt es keine Morde – und davon, dass der Mann ermordet wurde, können wir fast sicher ausgehen – ohne ein Motiv. Einen Raubmord können wir auch fast schon ausschließen, denn der Mann wurde auf dem Spaziergang abends im Wald mit seinem Hund von hinten erschlagen und trug keine Wertsachen außer seiner Armbanduhr und seinem Handy bei sich. Die waren aber noch da."

„Das hört sich nach einem verzwickten Fall an", sagte Tom, der sich in seinem kleinen Block unterwegs Notizen gemacht hatte.

„Lassen wir uns überraschen", sagte Jonas Weber, bevor er sich wieder nach vorne umdrehte.

Den Rest der circa dreißigminütigen Fahrt verbrachten sie schweigend. Tom sah auf seine Notizen und rief sich ins Gedächtnis, was er während seines Praktikums bereits über Befragungstechniken gelernt hatte. Seine Aufgabe war ja sowieso nicht die Befragung selbst, sondern er würde sich im Hintergrund halten, sich Notizen machen und so viele Details wie möglich aufzunehmen zu versuchen.

Westerwald. „Hier muss es sein", sagte Jörgens, als sie auf die Einfahrt vor dem Einfamilienhaus fuhren.

Sie stiegen aus. ‚Hier wohnen Maria, Johannes und Rocky' stand auf einem tönernen Schild neben der Klingel. Sie klingelten und ein melodischer Ton war im Flur zu hören. Eine zierliche Frau öffnete die

Tür. Obwohl sie übernächtigt war und tiefe dunkle Ringe sich um ihre blauen Augen abzeichneten, war ihre natürliche Schönheit immer noch zu erkennen.

„Ja bitte?", fragte sie mit müder, belegter Stimme.

„Guten Morgen Frau Köhler, ich bin Frank Jörgens vom K11 in Koblenz", stellte der leitende Ermittler sich vor und hielt der Frau seinen Dienstausweis hin. „Das sind mein Kollege Jonas Weber und unser Praktikant Tom Kunz." Mit diesen Worten wies er auf die beiden, die sich dezent im Hintergrund gehalten hatten. „Wir wissen, dass es nicht einfach für Sie ist, aber wir müssten Ihnen ein paar Fragen stellen."

Maria nickte teilnahmslos. „Sie machen ja auch nur Ihren Job." Sie trat zwei Schritte zurück und öffnete die Tür so weit, dass die drei eintreten konnten. Durch eine geschlossene Zimmertür war Hundegebell zu hören. „Das ist Rocky", erklärte sie und deutete auf die Tür. „Er ist seit gestern Abend völlig verstört. Er vermisst sein Herrchen."

„Lassen Sie ihn ruhig heraus, wenn er nicht aggressiv ist", schlug Jörgens vor, der wollte, dass die Frau sich so wohl wie möglich fühlte, denn nur so würden sie etwas von ihr erfahren können.

„Aggressiv ist Rocky überhaupt nicht", erklärte Maria Köhler. „Ganz im Gegenteil, er ist wohl sogar zu sanft, denn er war ja dabei, als mein Mann gestern ..." Sie stockte, die Tatsache auszusprechen, würde sie zu endgültig machen. Dann öffnete sie die Tür und ein hellbrauner, kurzhaariger Schäferhund ließ sich von ihr am Halsband in den Flur führen. Er beäugte die Fremden, knurrte aber nicht.

„Wo möchten Sie sich setzen?", fragte Maria Köhler. „Lieber in die Küche oder ins Wohnzimmer?"

„Wo es Ihnen am liebsten ist", entschied Frank Jörgens.

„Dann lassen Sie uns in die Küche gehen, im Wohnzimmer fühle ich mich im Augenblick nicht wohl."

Sie setzten sich alle in der geräumigen, hellen Küche an den großen Tisch. Maria hatte den Hund losgelassen, der sich, nachdem er Tom intensiv beschnuppert hatte, direkt zu seinen Füßen niederließ, sein Frauchen aber trotzdem nicht aus den Augen ließ.

Maria war überrascht. „Das macht er sonst bei Fremden nicht."

Tom lächelte. „Meine Eltern haben zu Hause auch einen Hund. Vielleicht liegt es daran."

„Kann ich Ihnen etwas anbieten? Einen Kaffee vielleicht?", fragte Maria jetzt. „Sie müssen entschuldigen, ich bin sonst nicht so unhöflich, aber seit gestern ist irgendwie alles anders."

„Wenn es Ihnen keine Umstände macht, würden wir gerne einen Kaffee nehmen", antwortete Jörgens. „Und Sie sind doch nicht unhöflich, das könnten Sie eher über uns sagen, weil wir hier morgens einfach so einfallen."

„Das ist schon ok, ich bin froh, wenn ich nicht den ganzen Tag allein in diesem Haus bin." Während sie sprach, hatte Maria Wasser und Kaffeepulver eingefüllt und stellte nun die Maschine an, bevor sie Tassen und Löffel auf den Tisch stellte.

Alle nahmen an dem geräumigen Esstisch in der Küche Platz, Rocky legte sich wieder zu Toms Füßen nieder, der den Hund zwischen den Ohren kraulte.

Frank Jörgens ergriff das Wort. „Frau Köhler, es tut uns sehr leid, dass wir Sie nicht in Ruhe trauern lassen können, aber für uns ist es wichtig, so schnell wie möglich die Ermittlungen aufnehmen zu können, denn genau wie Sie möchten wir natürlich wissen, was passiert ist und wer Ihrem Mann so etwas angetan hat."

Maria Köhlers Augen füllten sich mit Tränen, doch dann putzte sie sich entschlossen die Nase, wischte sich mit dem Handrücken über die Augen und setzte sich aufrecht hin. „Sie haben Recht", sagte sie mit belegter Stimme, „wer auch immer das getan hat, ich will, dass er dafür bestraft wird. Und ich will wissen, warum – warum ein unbescholtener

Bürger, der niemals jemandem etwas zuleide getan hat, sterben musste?"

„Wir werden alles dafür tun, die Wahrheit ans Licht zu bringen", versicherte KHK Jörgens ihr. Die Frau tat ihm leid und ihn hatte der Ermittlerehrgeiz gepackt. Ein solches Verbrechen durfte nicht ungesühnt bleiben.

„Gab es denn in der letzten Zeit mit irgendwem Ärger? Beruflich oder privat?", fuhr er dann fort.

Maria Köhler war aufgestanden, um den fertigen Kaffee umzufüllen und die Thermoskanne in die Mitte des Tisches zu stellen. „Bitte bedienen Sie sich." Sie machte eine auffordernde Geste in Richtung der Kanne.

Dann sah sie Frank Jörgens an und schüttelte den Kopf. „Nein, wir hatten keinen Ärger – weder beruflich noch privat. Wir leben seit einigen Jahren in diesem Haus und haben immer ein gutes Verhältnis zu unseren Nachbarn unterhalten. Es gab nie Streit oder Ärger. Und Johannes war seit Jahren als freier Journalist und Redakteur für die Rheinzeitung tätig, alle mochten ihn und seine Arbeit wurde sehr geschätzt."

„Hatte Ihr Mann eine Festanstellung bei der Zeitung?", wollte der Beamte wissen, denn ohne ein geregeltes Einkommen war der Unterhalt des Häuschens wohl kaum möglich.

Maria nickte. „Ja, er hatte eine Festanstellung als Redakteur. Darüber hinaus hat er von Zeit zu Zeit auch als freier Journalist mal den einen oder anderen Auftrag angenommen und an einigen Anthologien mitgearbeitet. Ich arbeite Teilzeit in einer Arztpraxis im Nachbarort, also hatten wir ein ordentliches Auskommen."

„Haben Sie oder Ihr Mann Familie hier in der Gegend?" Der Faktor Familie war bei Todesfällen ohne offensichtliches Motiv nie zu vernachlässigen. Oft brodelten hinter nach außen heilen Fassaden Hass und Eifersucht, die schon so manchen das Leben gekostet hatten.

„Nein, wir sind vor acht Jahren hierhin gezogen, nachdem Johannes die Stelle bei der Zeitung bekommen hat. Vorher haben wir im Münsterland gelebt, in Greven. Unsere Familien leben auch noch dort."

Der Beamte trank den letzten Schluck seines Kaffees und blickte dann für einen Moment nachdenklich auf den Boden der Tasse. Er stellte sie auf den Tisch und schob Maria Köhler seine Karte hin.

„Wir werden uns sicherlich in den nächsten Tagen noch einmal bei Ihnen melden und eventuell auch ihre Nachbarn befragen. Sollte Ihnen noch irgendetwas einfallen, auch wenn es Ihnen vollkommen unwichtig erscheint, melden Sie sich bitte bei uns. Jeder Hinweis kann wichtig sein."

Die drei erhoben sich und reichten Maria Köhler, die sie zur Haustür begleitete, nacheinander die Hand.

„Vielen Dank für Ihre Zeit und alles Gute", verabschiedete Frank Jörgens sich und seine Kollegen, bevor sie in den Dienstwagen stiegen und sich auf den Weg nach Koblenz in die Pathologie machten.

29. Juni 2018 – Freitag, 12:15 Uhr

Koblenz. Sie hielten vor dem Gebäude, in dessen Keller die Rechtsmedizin untergebracht war. Tom war ein wenig mulmig zumute vor seiner ersten richtigen Leiche, aber er wollte sich auf keinen Fall etwas anmerken lassen.

„Komisches Gefühl, so das erste Mal in Pathologie?", grinste Jonas Weber ihn an, dem Toms Unbehagen nicht verborgen geblieben war.

„Ein bisschen", gab der Junge freimütig zu.

„Geht jedem so", erklärte der junge Kollege. „Aber du hast Glück, diese Leiche hat nicht lange gelegen und sieht auch wahrscheinlich nicht so schlimm aus."

„Muss ich ja sowieso irgendwann durch." Tom bemühte sich um ein Grinsen.

„Und Dr. Reuter ist wirklich ein sehr verträglicher Pathologe, da gibt es auch andere."

„Das kenne ich von meinem Vater", lachte Tom. „Professor Hofmann in Hannover ist eine absolute Koryphäe auf dem Gebiet der Rechtsmedizin, aber mein Vater und seine Kollegen erleben ihn selten gut gelaunt."

Sie fuhren mit dem Fahrstuhl ins Untergeschoss, folgten einem langen, grau gestrichenen Gang ohne Fenster und betraten schließlich durch eine schwere Metalltür den Vorraum zum Obduktionssaal. Dr. Reuter sah sie hereinkommen, als er kurz von seiner Arbeit aufblickte und bedeutete ihnen mit der Hand, direkt in den Saal zu kommen.

„Einen wunderschönen guten Tag, die Herren", begrüßte er die Beamten freundlich. „Oh, heute sogar zu dritt unterwegs."

„Hallo Herr Dr. Reuter, das ist Tom Kunz, unser Praktikant bis Anfang September", stellte Frank Jörgens das neue Gesicht vor. „Sein Vater ist bei der Mordkommission in Hannover, der junge Mann wird im Herbst seine Ausbildung bei der Polizei beginnen und möchte vorher schon einmal Polizeiluft schnuppern."

„Und direkt am Anfang des Praktikums die erste Leiche", sagte Reuter, der sich die Handschuhe ausgezogen hatte, um Tom die Hand zur Begrüßung zu geben. „Da kriegen Sie ja mal richtig was geboten."

Tom lächelte ein wenig schief. „Das stimmt, aber dafür ist das Praktikum ja schließlich da."

„Dann wollen wir mal." Reuter machte eine einladende Geste. „Keine falsche Scheu meine Herren, treten Sie ruhig näher."

Er zog das blassgrüne Tuch vom Kopf des Opfers. Johannes Köhler lag mit geschlossenen Augen da; wäre er nicht so weiß gewesen, hätte man den Eindruck gewinnen können, er schliefe nur.

„Todesursächlich war bei dem guten Mann ein Schlag mit einem stumpfen Gegenstand ins Genick. Der Schlag hat ihm im wahrsten Sinne des Wortes das Genick gebrochen. Der Axis, der zweite Halswirbel, ist frakturiert und der Dens Axis hat sich in die Medulla oblongata gebohrt."

„Gesundheit", sagte Jonas Weber. „Ich weiß nicht, was Sie uns da gerade erzählt haben, aber es hört sich gruselig an. Was heißt das denn im Klartext?"

Reuter lächelte nachsichtig. Er hatte damit gerechnet, dass diese Frage kam und er spielte das Spiel gerne. „Im zweiten Halswirbel, dem Axis, befindet sich ein kleiner Knochen – der sogenannte Dens –, der gerne einmal bricht. Wenn der dann das sogenannte verlängerte Rückenmark beschädigt, in dem unter anderem das Atemzentrum sitzt, kommt für die Betroffenen jede Hilfe zu spät. Die Atmung setzt aus und das Opfer verstirbt."

„Was meinen Sie?", fragte Frank Jörgens. „Hat der Täter anatomische Kenntnisse gehabt und bewusst dorthin gezielt? Oder war es eher ein Zufall, dass er genau diese Stelle getroffen hat?"

Reuter legte den Kopf schräg. „Da unser Opfer auch noch eine Platzwunde am Hinterkopf hat, gehe ich davon aus, dass der Täter beim Schlag auf den Hinterkopf abgerutscht ist und die tödliche Verletzung so entstanden ist. Allerdings hat er mit ziemlicher Sicherheit in Tötungsabsicht zugeschlagen, denn der Schlag muss schon fest gewesen sein.

„Können Sie uns sonst noch etwas über das Opfer sagen? Irgendwelche Besonderheiten?"

Reuter schüttelte den Kopf. „Körperlich war der Mann in guter Verfassung, er war durchtrainiert und fit, hatte keine chronischen Erkrankungen und war Nichtraucher. Alle Werte waren völlig in Ordnung. Er hätte steinalt werden können, hätte nicht jemand etwas dagegen gehabt."

„Wie sieht es mit der Tatwaffe aus?", wollte Jonas Weber wissen.

„Es war auf jeden Fall ein stumpfer Gegenstand, ich tippe auf einen dicken Ast oder einen Baseballschläger oder etwas in der Art. In der Kopfplatzwunde habe ich kleine Holzsplitter gefunden", er hielt ein kleines Tütchen hoch, „die ich heute noch in die KTU schicken werde. Sonst kann ich zur Tatwaffe nicht viel sagen."

„Das ist ja immerhin schon etwas."

„Ich habe verschiedene DNA-Spuren an dem Opfer gefunden, eine davon ist tierischer Natur. Die andere ist wahrscheinlich von seiner Frau, aber um ganz sicher zu gehen, müssten wir von ihr eine Gegenprobe haben. Sonst habe ich nichts am Opfer feststellen können, also hatte der Täter mit ziemlicher Sicherheit Handschuhe an."

„Die tierische DNA stammt vom Schäferhund des Opfers", sagte Frank Jörgens. „Die Ehefrau hat ausgesagt, dass der Hund neben der Leiche ihres Mannes saß, als sie sie gefunden hat."

„Die Ehefrau hat die Leiche ihres Mannes gefunden?", fragte Dr. Reuter. „Das ist ja echt furchtbar."

„Allerdings", nickte Jörgens. „Und es sieht im Moment so aus, als gäbe es absolut kein Motiv für die Tat. Der Mann war ein unbescholtener Journalist, der mit seiner Frau in einem hübschen Einfamilienhaus lebte und offensichtlich keine Feinde hatte. Wer also sollte diesem Mann nach dem Leben trachten?"

„Das herauszufinden ist euer Job", grinste Reuter.

29. Juni 2018 – Freitag, 18:30 Uhr

Westerwald. Hofbauer saß allein am Tisch im Esszimmer und trank bereits das dritte Glas Rotwein. Renate hatte ihre Drohung wahr gemacht und war zu ihrer Schwester in den Nachbarort gezogen. Er hatte sich eine Pizza bestellt und wartete jetzt auf den Lieferanten. Das eingeschlagene Wohnzimmerfenster wurde erst in der kommenden Woche repariert, provisorisch hatte der Schreiner den Rahmen mit einer Spanplatte abgedichtet. Hofbauer hatte sich bewusst mit dem Rücken zu der tristen Holzplatte gesetzt, aber es ließ ihm trotzdem keine Ruhe.

„Wenn ich den Mistkerl kriege, dem drehe ich den Hals um", grummelte er vor sich hin.

Es klingelte. Hofbauer stand auf, um seine Pizza in Empfang zu nehmen.

„Wurde aber auch Zeit." Er reichte dem Lieferanten die Summe genau passend, der überreichte ihm einen Karton und drehte sich ob des nicht gegebenen Trinkgeldes grußlos um.

Hofbauer ging zurück ins Esszimmer, goss sich ein weiteres Glas Wein ein und begann zu essen. Doch allein schmeckte es ihm nicht und nach der Hälfte der Pizza klappte er den Karton wieder zu. Mit dem restlichen Rotwein setzte er sich auf die Couch und zappte sich lustlos durch das Fernsehprogramm.

Er war kurz vor dem Fernseher eingedöst, als das Telefon ihn wieder aufweckte. ‚Wer ruft denn freitags abends noch an?', dachte er bei sich, fischte dann aber nach dem Mobilteil des Telefons, das er meistens in seiner Reichweite auf der Lehne platzierte und meldete sich.

„Hofbauer."

Nichts. Kein Laut vom anderen Ende der Leitung.

„Wer ist da? Melden Sie sich!", machte Hofbauer noch einen weiteren Versuch.

Wieder nichts. Dann knackte es, der Anrufer hatte aufgelegt.

Hofbauer legte das Mobilteil verärgert zur Seite. Bestimmt wieder ein dummer Streich irgendwelcher Halbstarker, die freitags nichts Besseres zu tun hatten, als die moderne Form des Klingelmännchens zu spielen.

Er lehnte sich zurück und schaltete ein anderes Programm ein. Der Krimiabend am Freitag hatte im zweiten Programm begonnen. Erst „Ein Fall für Zwei" und danach „SoKo Leipzig". Er schaute sich diese Krimiserien eigentlich nur an, um sich darüber zu mokieren, wie unrealistisch die Ermittlungen dieser Fernsehkommissare doch waren. Normalerweise tat er dies mit Renate zusammen und erklärte ihr, wie anders doch das reale Leben eines Kommissars war. Aber Renate war nicht mehr da und hatte sich seit dem Dienstagabend auch nicht mehr bei ihm gemeldet. Sie schien mit ihrer Drohung Ernst zu machen.

‚Was soll's?', dachte er. ‚Es gibt auch noch andere Frauen und genug davon himmeln mich bei meinen Auftritten in der Öffentlichkeit an.'

Nächste Woche war wieder ein Interview über einen seiner alten Fälle im Regionalfernsehen geplant, danach ein Empfang mit einigen Leuten von der Presse.

Mit dem Gedanken an diesen Termin nickte er erneut auf der Couch ein, die Flasche Rotwein war inzwischen so gut wie leer.

Das Telefon schrillte erneut und er schrak hoch.

„Hofbauer", meldete er sich.

Wieder nichts, kein Laut aus dem Hörer.

„Lassen Sie mich in Ruhe!", brüllte Hofbauer ins Telefon und drückte das Gespräch weg.

Er brachte das Telefon zurück auf die Station, schaltete den Fernseher aus und ging nach oben ins Schlafzimmer, wo er sich lange hin und herwälzte, bevor er irgendwann in einen unruhigen Schlaf fiel.

30. Juni 2018 – Samstag, 10:00 Uhr

Hannover. „Guten Morgen, ich hoffe, ich habe das Frühstück nicht verpasst." Gähnend und mit verwuschelten Haaren kam Tom die Treppe hinunter. Pauline und er waren am Abend zuvor noch für das Wochenende zu seinen Eltern nach Hannover gefahren. Tom brannte darauf, mit seinem Vater über den Mord und seinen ersten „richtigen" Fall zu sprechen. Er hatte so viele Gedanken dazu, aber im Präsidium hatte er sich nicht so richtig getraut, seine Theorien gegenüber den Kollegen zu äußern. Immerhin war er nur der Praktikant und er wollte sich nicht schon zu Beginn des Praktikums mit wilden Theorien lächerlich machen.

„Klar gibt es noch Frühstück für euch beide", sagte Anna und drehte sich zu ihrem noch reichlich verschlafen aussehenden Sohn um. „Wir haben extra auf euch gewartet. Wo ist denn Pauline?"

„Noch oben im Bad, sie kommt jeden Moment runter."

Wolle war begeistert aufgesprungen und ließ sich jetzt, nachdem er Tom ausgiebig begrüßt hatte, von ihm zwischen den Ohren kraulen.

Robert betrat die Küche. „Da ist ja unser frischgebackener Hilfskommissar. Und wie waren die ersten Wochen im schönen Koblenz?"

„Komm wir gehen rüber an den Esstisch", schlug Tom vor. „Dann kann ich euch alles beim Frühstück erzählen. Ich habe nämlich einen Bärenhunger."

„Es gibt Dinge, die ändern sich nie." Anna nahm die Kaffeekanne aus der Maschine und folgte den beiden ins Wohnzimmer. Von oben waren Schritte auf der Treppe zu hören. „Pauline ist auch auf dem Weg."

Sie setzten sich an den großen Esstisch in der Ecke des Wohnzimmers und Tom griff hungrig in den mit frischen Brötchen gefüllten Brotkorb, während Anna allen Kaffee einschenkte.

„So, und jetzt erzählt mal, wie es euch beiden in den ersten Wochen in Koblenz ergangen ist?", fragte Robert. „Ich schwöre, ich habe auch nicht bei den Kollegen angerufen und mich erkundigt."

„Das wäre wohl auch noch schöner", entrüstete sich Anna gespielt empört. „So wenig Vertrauen wirst du in unseren Sohn ja kaum haben."

„Natürlich nicht", bestätigte Robert.

„Darf ich jetzt auch mal was sagen?", fragte Tom zwischen zwei Bissen in sein Brötchen. „Schließlich wolltet ihr wissen, was wir erlebt haben."

„Dann schieß mal los."

„Ich hatte tatsächlich diese Woche meinen ersten ‚richtigen' Mordfall", berichtete Tom. „Ein Journalist im Westerwald wurde im Wald auf einem Spaziergang erschlagen. Es gibt absolut kein Motiv, der Mann war beliebt und niemand hat eine Ahnung, wer dahinterstecken könnte."

„Das hört sich nach einem interessanten Fall an, warst du denn auch schon mit in der Pathologie?"

„Ja, gestern Nachmittag hatten wir den Termin in der Pathologie. Zuerst war mir ein wenig mulmig", gab Tom freimütig zu. „Aber der Pathologe Dr. Reuter ist wirklich nett und er hat sich auch wirklich viel Zeit genommen."

„Anders als Professor Hofmann?", lachte Robert. „Das wolltest du doch damit sagen."

„Den kenne ich ja nur aus deinen Erzählungen. Aber ich hatte schon ein paar Bedenken, dass er – sagen wir mal – ein wenig speziell ist, wie du es ja von den meisten Pathologen erzählst."

„Die sind auch eine Spezies für sich, das wirst du in deiner Karriere noch erfahren. Aber es freut mich, dass du einen netten Pathologen kennenlernen durftest. Wie geht es denn jetzt weiter mit euren Ermittlungen?"

Tom zuckte mit den Achseln. „Im Moment wird uns nichts bleiben, als überall im Umfeld des Journalisten nach möglichen Feinden oder Motiven zu suchen. Der Rechtsmediziner hat in der Wunde einige Holzsplitter gefunden, die er in die KTU gibt. Vielleicht lässt sich dadurch etwas herausfinden."

„Und ansonsten", fügte Robert hinzu, „hilft euch vielleicht mal Kommissar Zufall. Der hat das bei uns schließlich auch schon oft genug getan."

„Ich bin mal gespannt, was uns dieser Fall noch bringt." Tom nahm sich das nächste Brötchen. „Unser freitägliches Präsidiumsfrühstück ist wegen des Mordes ausgefallen", fügte er entschuldigend hinzu.

„Greift zu, es ist genug da." Anna schenkte Kaffee nach. „Pauline, wie läuft es denn bei dir mit der Arbeit im Rettungsdienst? Ist es so, wie du es dir vorgestellt hast?"

Pauline nickte. „Schwierig zu sagen. Bis jetzt bin ich ja nur in der Schule zur theoretischen Ausbildung gewesen. Freitag war mein letzter Schultag mit der Prüfung, ab Montag bin ich vier Wochen im Krankenhaus zum Praktikum – OP, Intensivstation und Notaufnahme. Erst danach werde ich das erste Mal im nächsten Praktikumsblock einen Rettungswagen von innen sehen. Aber darauf freue ich mich schon sehr."

Es wurde ein vergnügliches Wochenende und die vier hatten eine Menge Spaß, bevor Pauline und Tom am späten Sonntagnachmittag die Reise zurück nach Koblenz antraten.

01. Juli 2018 – Montag, 08:30 Uhr

Koblenz. PKin Susanne Westermann stellte ihre Kaffeetasse auf dem Schreibtisch ab und schob die Akte, die sie gerade noch durchgeblättert hatte, zur Seite.

„Wo sollen wir denn da anfangen?", fragte sie ihren Kollegen Jörg Schneider, der alte Protokolle aus den Ordnern im Schrank nahm und fürs Archiv einpackte.

„Was meinst du?" Er schaute hoch und blickte seine Kollegin fragend an.

„Ach, diese Anzeige von dem Hofbauer", erklärte Westermann. „Ich habe mir eben das Protokoll noch einmal durchgelesen, aber ich sehe keinen Anhaltspunkt, wo wir ansetzen könnten, um den Täter zu finden. Bei der Spurensicherung ist auch nichts Brauchbares herausgekommen, der Täter war umsichtig genug, Handschuhe bei der Tat zu tragen. Dazu kommt, dass dieser Typ aus seiner aktiven Zeit mit Sicherheit mehr Feinde hat als eine Menge anderer Leute zusammen. Allein die ganzen Typen, die er in seiner aktiven Laufbahn eingelocht hat, hätten ein Motiv."

„Aber ist das nicht alles ein bisschen zu lange her?", gab Schneider zu bedenken. „Wieso sollte ausgerechnet jetzt einer, der aus dem Knast gekommen ist, einen Rachefeldzug starten? Die meisten von denen dürften auch schon locker über fünfzig sein. Die werden kaum ihre neu gewonnene Freiheit für so etwas aufs Spiel setzen."

„Aber wer soll es sonst gewesen sein? Irgendwer muss sich ja überlegt haben, dass er ausgerechnet jetzt Hofbauer Angst einjagen will. Auch wenn ich das nach seinem Auftritt hier durchaus verstehen kann", fügte sie grinsend hinzu.

„Stimmt allerdings", auch Schneider grinste. „Ein angenehmer Zeitgenosse ist er auf jeden Fall nicht. Von mir aus soll er sich ruhig mal richtig in die Hosen machen, aber das habe ich natürlich nicht gesagt.

Spaß beiseite, ich habe auch keine Ahnung, wo wir hier wirklich ansetzen können."

Ein Lächeln umspielte die schmalen Lippen seiner Kollegin. „Was hältst du davon, wenn wir mal einen kleinen Ausflug in den schönen Westerwald machen und uns die ganze Sache bei dem guten Mann vor Ort ansehen?"

„Das machen wir, und bei der Gelegenheit fühlen wir dem guten Herrn mal ordentlich auf den Zahn."

01. Juli 2018 – Montag, 10:00 Uhr

Westerwald. „Nette Hütte." Die beiden Beamten stiegen aus dem Streifenwagen aus, den sie vor dem Haus von Kommissar Hofbauer abgestellt hatten.

„Von dem aparten Holzbrett vor dem Wohnzimmer mal abgesehen", konnte sich Westermann nicht verkneifen zu sagen.

„Du kannst schon richtig mies sein, das weißt du", grinste ihr Kollege.

„Klar, und ich liebe es", entgegnete sie und streckte ihm die Zunge heraus.

„Dann lass uns mal zur Tat schreiten." Entschlossen drückte Schneider auf den Klingelknopf. Ein melodischer Ton erklang im Hausflur, aber nichts rührte sich.

Schneider klingelte noch einmal.

„Vielleicht ist er nicht zu Hause", sagte Westermann und wollte sich schon achselzuckend abwenden, als die Tür geöffnet wurde. Ein reichlich mitgenommen aussehender Kommissar Hofbauer stand in der Tür.

„Guten Morgen, Herr Hofbauer", begrüßte ihn Westermann. „Sie erinnern sich noch an uns?"

„Natürlich", brummte Hofbauer, machte allerdings keine Anstalten zur Seite zu treten und die beiden Beamten ins Haus zu lassen. „Haben Sie den Mistkerl, der meine Scheibe eingeworfen hat oder warum sind Sie hier?"

„Können wir vielleicht hineingehen und uns dort mit Ihnen unterhalten?", fragte Westermann den ehemaligen Kommissar, um dessen Augen tiefe Ringe lagen und dessen Haare eindeutig heute noch keinen Kamm gesehen hatten.

„Wenn es sein muss", antwortete der Mann mürrisch. „Aber ich habe nicht viel Zeit, morgen wird ein Film fürs Fernsehen mit mir gedreht, da habe ich noch Einiges vorzubereiten."

„Es dauert nicht lange, aber sie möchten ja sicherlich auch, dass der Fall zu einem zügigen Abschluss kommt."

„Dann kommen Sie eben rein, aber machen Sie es kurz."

‚Keine Angst, freiwillig werden wir bestimmt nicht länger bleiben', dachte sich Westermann, als sie den Hausflur betrat und warf ihrem Kollegen einen vielsagenden Blick zu.

Auf dem Wohnzimmertisch standen zwei leere Rotweinflaschen, auf dem Esszimmertisch lagen mehrere Stapel mit Büchern. Westermanns Blick blieb für einen Moment dort hängen, was Hofbauer sofort zur Kenntnis nahm.

„Das sind meine Bücher über meine alten Fälle", erklärte er umgehend und nicht ohne Stolz in der Stimme.

Westermann antwortete nicht darauf, nahm sich aber insgeheim vor, sich über diese Bücher einmal im Internet zu informieren. Wenn es gar keine andere Spur gab, würden sie sich wohl oder übel die Fälle in den Büchern vornehmen müssen.

„Was wollen Sie denn jetzt hier, wenn Sie doch noch nichts Brauchbares herausgefunden haben?", wollte Hofbauer wissen.

Westermann atmete tief durch. „Wenn Sie sich nicht kooperativ zeigen, dann werden wir auch denjenigen nicht finden können, der Ihnen dieses schöne Fenster", sie zeigte mit der Hand auf die Spanplatte, „zertrümmert hat und Ihnen so massiv droht. Haben Sie noch einmal darüber nachgedacht, wer dafür in Frage kommt?"

Hofbauer raufte sich die noch ungekämmten Haare. „Dafür kommt theoretisch jeder Verbrecher in Frage, den ich während meiner Karriere verhaftet habe. Und davon gibt es eine Menge."

„Gibt es besondere Fälle, an die Sie sich erinnern, wo der Täter ein Motiv haben könnte, sich ausgerechnet jetzt an Ihnen rächen zu wollen?"

„Nein, nein und nochmals nein", polterte Hofbauer. „Wenn ich wüsste, wer das hier war, dann hätte ich es Ihnen schon gesagt."

Schneider schritt in die Diskussion zwischen den beiden ein. „Gut, Sie wissen also niemanden, der ein Motiv hat, sich an Ihnen zu rächen. Wir werden uns dann als nächstes mit Ihren alten Fällen auseinandersetzen, aber da kann es natürlich eine Weile dauern, bis wir auf entsprechende Hinweise stoßen. Für diesen Zeitraum sollten Sie gut auf sich aufpassen", fügte der Polizeibeamte noch mit einem etwas seltsamen Unterton hinzu.

Sie verabschiedeten sich und verließen das noble Einfamilienhaus.

„Was für ein Ekelpaket!", platzte es aus der Polizistin heraus.

„Lass ihn", beruhigte ihr Kollege sie. „Der kriegt schon sein Fett weg. Irgendwann erwischt es auch die Ekelpakete. Trotzdem müssen wir versuchen, den Täter zu finden. Der bringt es fertig und heftet uns noch eine Dienstaufsichtsbeschwerde ans Bein."

„Na gut, dann begeben wir uns mal wieder an unsere Schreibtische und durchforsten alte Akten."

01. Juli 2018 – Montag, 10:30 Uhr

Koblenz. Er schlenderte durch die Fußgängerzone der Stadt, holte sich in einem der zahlreichen Cafés einen Kaffee to go und schaute sich die verlockenden Gegenstände in den Schaufenstern an – Dinge, die sich jemand wie er sowieso nie leisten konnte. Er trank den letzten Schluck seines Kaffees und warf den leeren Becher nach einer Taube, die auf dem Pflaster saß und ihn erwartungsvoll aus ihren runden, schwarzen Knopfaugen ansah.

„Rüpel", warf ihm eine ältere Dame vor.

„Mistviecher, Ratten der Lüfte", gab er zurück.

„Kein Grund, seinen Müll in der Gegend herumzuwerfen."

„Dann kannst du ihn ja aufheben, Oma", zischte er die ältere Dame mit zusammengekniffenen Augen an, die sich daraufhin zügig von ihm entfernte. Mit Leuten wie ihm legte man sich nicht an, wenn man es vermeiden konnte.

Er machte sich auf den Weg zurück an den Bus, der ihn in das Männerwohnheim in der Hohenzollernstraße bringen würde, wo er vorläufig untergekommen war. Die Freiheit machte ihm Angst, mehr Angst, als er jemals zuvor gedacht hatte. Jahrelang hatte er darauf gehofft, sie wiederzuerlangen und jetzt, wo er frei war, fand er sich in dieser Gesellschaft nicht mehr zurecht. Dieser Mann hatte eiskalt sein Leben zerstört, nur um sich zu profilieren. Es war ihm egal gewesen, dass er eine komplette Existenz zerstört hatte. Seine Frau war mit den Kindern in den Süden von Deutschland gezogen und seit dem Tag des Urteils hatte er sie weder gesehen, noch irgendeinen Kontakt mehr zu ihnen gehabt. Er stand allein da, restlos allein und ohne Perspektive.

01. Juli 2018 – Montag, 12:00 Uhr

Koblenz. Westermann und Schneider betraten ihr Büro im Präsidium.

„Jetzt brauche ich erst einmal einen Kaffee", sagte Westermann, als sie sich in den Stuhl fallen ließ. „Der ist ja wirklich so etwas von unkooperativ. Was erwartet der eigentlich? Dass wir uns einen Täter aus den Rippen schneiden?"

Der Kollege stellte die beiden Tassen auf den Schreibtisch und nahm dann ihr gegenüber Platz.

„Keine Ahnung", antwortete er achselzuckend. „Er ist leider eins von den Paradebeispielen der Kriminaler, die sich für etwas Besseres halten und es auch deutlich zeigen. Das Problem ist, wenn er mauert, bleibt uns nichts Anderes übrig als uns mit den alten Fällen und seinem sozialen Umfeld zu befassen. Entweder war es wirklich jemand, den er in den Knast gebracht hat oder er hat privat mit irgendwem Ärger. Für das letztere spricht, dass er nicht besonders auskunftsfreudig ist, was mögliche Täter angeht. Für mich riecht es danach, als hätte er Dreck am Stecken."

„Was hältst du davon, wenn wir mal mit denjenigen seiner Kollegen reden, die noch im aktiven Dienst sind?", schlug seine Kollegin vor. „Vielleicht kann uns da der eine oder andere einen Tipp geben, wo wir ansetzen können."

„Gute Idee, dann lass uns doch nach der Mittagspause mal rüber ins K11 fahren und sehen, ob wir da etwas herausfinden können."

Zur gleichen Zeit saß Tom mit dem Ermittlerteam vom K11 zusammen und Thema der Gesprächsrunde war natürlich der Tod des Journalisten Johannes Köhler.

„Tom und du, ihr fahrt heute Nachmittag mal zur Redaktion der Rheinzeitung und hört euch bei den Kollegen unseres Journalisten um, ob der eventuell Feinde hatte oder was sie so überhaupt über ihn sagen können", wies Frank Jörgens seinen Kollegen Jonas Weber an. „Ich werde mich mit der KTU in Verbindung setzen. Vielleicht konnten die ja brauchbare Spuren an den Holzsplittern aus der Wunde sicherstellen."

„Machen wir", antwortete Jonas Weber.

Sie gingen gemeinsam in die Kantine des Präsidiums und trennten sich nach dem Essen. Jonas Weber machte sich gemeinsam mit Tom auf den Weg zur Redaktion der Zeitung, Frank Jörgens wollte vor seinem Besuch bei der KTU noch einmal ins Büro, um die Unterlagen von der Rechtsmedizin zu holen.

Er wollte sich eben die Mappe nehmen und losgehen, als es an der Tür klopfte. Verwundert forderte er die Besucher mit einem „Herein" auf, doch einzutreten. Zwei uniformierte Beamte, die er noch nie zuvor gesehen hatte, betraten das Büro.

„Guten Tag, ich bin Polizeikommissarin Westermann, das ist mein Kollege Schneider", stellte die junge, blonde Frau sich und ihren Begleiter vor.

„Nehmen Sie doch Platz." Jörgens wies auf die beiden freien Stühle vor seinem Schreibtisch. „Wie kann ich Ihnen helfen?"

„Das ist ein wenig heikel", begann Westermann. Wie sollte sie dem Kommissar ihr Anliegen erklären. „Es geht um einen ehemaligen Kollegen des K11 – Rolf Hofbauer. Sagt Ihnen der Name etwas?"

Jörgens überlegte einen Moment. „Gehört habe ich den Namen schon einmal, aber persönlich kenne ich ihn nicht mehr. Das war vor meiner Zeit beim K11. Worum geht es denn?"

„Herr Hofbauer wird ganz offensichtlich bedroht. Jemand hat ihm einen Stein eingewickelt in einen Zettel mit der Aufschrift ‚Die Wahrheit kommt ans Licht' durch sein Wohnzimmerfenster geworfen. Natürlich haben wir ihn gefragt, ob es Verdächtige gibt oder er irgendwelche Feinde hat, aber er verneint das vehement. Er gibt auf jeden Fall keine konkreten Hinweise, so dass wir keine Anhaltspunkte für eine weitere Ermittlung haben."

„Wieso stellen Sie die Ermittlungen aus Mangel an Hinweisen dann nicht einfach ein?", wollte Jörgens wissen. Er verstand das Problem der beiden Streifenbeamten noch nicht.

„Nun ja", druckste Westermann herum, „er war ja schließlich immerhin Kriminalhauptkommissar und auf uns macht er nicht den umgänglichsten Eindruck. Außerdem haben wir den Eindruck, dass er mauert, uns also nicht alles sagt. Deswegen haben wir Bedenken, dass er uns für unsere weitere Karriere Probleme machen könnte, wenn er den Eindruck hat, dass wir nicht motiviert genug ermitteln."

„Und wie kann ich Ihnen dabei helfen?" Jörgens wusste immer noch nicht, wo dieses Gespräch hinführen sollte, aber sein Interesse war geweckt.

„Wissen Sie vielleicht etwas über die spektakulären Fälle des Kollegen oder gibt es hier Kollegen, die ihn noch persönlich kennen und uns eventuell helfen könnten?"

„Also über die Fälle des Kollegen weiß ich nicht viel, aber da dürften Sie in den Archiven fündig werden. Meines Wissens ist Kollege Hofbauer vor circa zehn Jahren in Pension gegangen, das bedeutet Fälle zwischen 2000 und 2008 könnten für Sie von Interesse sein. Bei allem, was davor liegt, sind die Ex-Straftäter, wenn Sie meine persönliche Meinung hören wollen, einfach zu alt, um sich noch mit Rachegedanken abzugeben."

Westermann lächelte erleichtert. „Das klingt plausibel, damit haben Sie uns schon ein gutes Stück weitergeholfen."

Die beiden uniformierten Kollegen erhoben sich und wandten sich, nachdem sie sich verabschiedet hatten, bereits zum Gehen, als Jörgens noch etwas einfiel.

„Warten Sie, es gibt tatsächlich noch einen Kollegen hier bei der Mordkommission, der noch mit KHK Hofbauer zusammengearbeitet hat – Thomas Brandt. Der Kollege sitzt drei Zimmer weiter, ist aber meines Wissens im Moment im Urlaub. In zwei Wochen ist er wieder da, dann sollten Sie mal mit ihm sprechen. Er hilft Ihnen bestimmt, wenn er kann."

„Vielen Dank noch einmal, wir werden Kontakt zu ihm aufnehmen", sagte Susanne Westermann und lächelte Frank Jörgens freundlich an.

Zur gleichen Zeit saßen Jonas Weber und Tom in der Lokalredaktion der Rheinzeitung, für die Johannes Köhler gearbeitet hatte.

„Johannes ist tot?" Der Kollege, der sich mit den beiden in den Aufenthaltsraum gesetzt hatte, schaute die beiden mit weit aufgerissenen Augen an.

„Ja, leider", sagte Jonas Weber. „Herr Köhler wurde letzten Donnerstag beim Spaziergang mit seinem Hund im Wald erschlagen. Es gibt keine Hinweise darauf, dass Herr Köhler Feinde hatte oder dass irgendjemand einen Grund haben sollte, ihm so etwas anzutun. Hat Herr Köhler in der letzten Zeit an irgendetwas gearbeitet, was brisant war oder woraus Probleme entstehen könnten?"

Robin Waldner, der Kollege, legte den Kopf schräg und dachte eine Weile nach. Dann schüttelte er den Kopf. „Ich weiß von nichts. Johannes hat vorwiegend lokale Berichte von verschiedenen Veranstaltungen in der Region geschrieben – Kunst, Kultur, Gemeindefeste. Da war nichts dabei, was gefährlich war. Also mit Enthüllungsjournalismus hatte das alles nichts zu tun, wenn Sie darauf anspielen."

„Wie war Herr Köhler denn so als Mensch und Kollege?", hakte Jonas Weber nach.

„Er war ein sehr angenehmer Kollege, jeder in der Redaktion mag ihn." Auch der Kollege vermischte hier die Gegenwarts- und Vergangenheitsform – ein immer wieder auftauchendes Phänomen bei der Befragung von Verwandten oder Freunden.

„Daraus können wir schließen, dass es hier niemanden gibt, der Herrn Köhler etwas Schlechtes gewünscht hätte?"

Waldner schüttelte energisch mit dem Kopf. „Ich kann mir niemanden vorstellen, da kann ich Ihnen leider überhaupt nicht weiterhelfen."

„Würden Sie uns bitte noch zur Redaktionsleitung bringen?", fragte Jonas Weber. „Wir müssen noch mit dem Chef reden."

„Natürlich, folgen Sie mir bitte." Robin Waldner ging vor den beiden Ermittlern her zu einem großen, mit gläsernen Wänden abgetrennten Büro. „Hier, bitte. Ich verabschiede mich dann, ich muss zu einem Termin in die Stadt."

„Vielen Dank, wir kommen jetzt allein zurecht."

Jonas Weber klopfte an die Glastür. Der Mann in dem Büro, der gerade durch einen Stapel Papiere blätterte, hob den Kopf und bedeutete den beiden Polizisten mit einer Geste doch einzutreten.

„Guten Tag, mein Name ist Jonas Weber von der Mordkommission und das ist unser Praktikant Tom Kunz", stellte Weber sie beide vor, als sie das Büro betraten.

„Jochen Wernecke, ich bin der Redaktionsleiter", antwortete der Mann, der Mitte Fünfzig sein mochte, mit einem warmen Bariton. „Wie kann ich denn der Mordkommission helfen?"

„Es geht um Ihren Mitarbeiter Johannes Köhler", klärte Jonas Weber ihn auf. „Wie Sie sicherlich bemerkt haben, ist er schon seit einigen Tagen nicht mehr in der Redaktion gewesen."

„Das schon, aber das war nicht so ungewöhnlich. Herr Köhler hat eine Festanstellung als Redakteur bei uns, aber das heißt nicht zwingend, dass er auch jeden Tag hier im Haus ist. Er arbeitet auch oft im Home-Office und ein großer Teil seiner Aufträge steht im Vorfeld fest, so dass Herr Köhler sich seine Zeit frei einteilen kann. Was ist denn mit ihm?"

„Wissen Sie das noch nicht?" Weber war verwundert.

„Nein, was soll denn mit Herrn Köhler sein?"

„Herr Köhler wurde letzte Woche ermordet. Jemand hat ihn unweit seines Hauses auf dem Abendspaziergang von hinten erschlagen."

„Was sagen Sie da? Das ist ja entsetzlich!" Wernecke schien ehrlich entsetzt und betroffen zu sein. Scheinbar hatte er wirklich noch nichts vom Tod seines Mitarbeiters gewusst.

„Es ist leider wahr und aktuell fehlt uns noch jeder Hinweis auf ein Motiv. Jeder, den wir bis jetzt befragt haben, hat uns Herrn Köhler als integren Mitarbeiter und ehrlichen Menschen beschrieben."

Jochen Wernecke tupfte sich ein paar Schweißperlen von der Stirn und der Oberlippe. „Das ist jetzt aber wirklich ein Schock. Wie konnte das denn passieren?"

„Das wissen wir auch noch nicht. Können Sie uns denn etwas über Herrn Köhler sagen?"

Wernecke schüttelte den Kopf. „Nichts, was Sie nicht wahrscheinlich schon von den Kollegen gehört haben. Herr Köhler war hier ein sehr beliebter Mitarbeiter, alle mochten ihn, seine Beiträge waren immer qualitativ hochwertig und besonders seine Kolumne wurde sehr gerne gelesen."

„Was war das denn für eine Kolumne?", wollte Jonas Weber wissen. „Worum ging es dort?"

„Es war eine ganz normale, regionale Kolumne, die Herr Köhler für den Bereich um Ransbach-Baumbach und die umliegenden Orte einmal in der Woche schrieb. Er berichtete über alles, was in der Woche so passiert war – Kunst, Kultur, lokale Veranstaltungen. Er verstand es, die Dinge so lebendig und anschaulich darzustellen."

„Also könnte auch in der Kolumne kein Motiv für den Mord verborgen liegen?"

„Nein, es ging um regionale Dinge, aber wenn es Sie interessiert, können Sie selbstverständlich alle Kolumnen der letzten Monate auch noch in unserem Online-Portal nachlesen. Wenn Sie mir eine E-Mail-

Adresse geben, lasse ich Ihnen den Link zu der entsprechenden Rubrik gerne zukommen."

Jonas Weber schob dem Redaktionsleiter eine Visitenkarte über den Tisch.

„Das wäre sehr nett, vielen Dank."

„Ich hoffe bloß, Sie finden den Mistkerl, der Herrn Köhler das angetan hat", sagte Wernecke. Er erhob sich von seinem Schreibtischstuhl und begleitete die beiden Ermittler hinaus. „Bitte geben Sie mir Bescheid, wenn Sie etwas herausfinden."

01. Juli 2018 – Montag, 17:00 Uhr

Koblenz. „Dann bis morgen." Mit diesen Worten verabschiedete Tom sich von den Kollegen und machte sich auf den Weg zu der kleinen Zweizimmerwohnung, die Pauline und er für die nächsten Monate ihr Zuhause nannten. Pauline hatte heute ihren ersten Tag im Krankenhaus gehabt und sollte auch schon zu Hause sein. Tom war gespannt, was sie zu erzählen hatte. Trotzdem entschied er sich gegen den Bus, sondern lief die gut fünfzehn Minuten vom Präsidium im Moselring am Rhein entlang bis in die Altstadt. Er mochte die Stadt, sie hatte eine Menge Historisches und Interessantes zu bieten. Sein Blick wanderte auf die andere Rheinseite, wo oben auf dem Berg die Festung Ehrenbreitstein thronte. Seit einem Monat wohnten sie nun schon hier, hatten es aber noch nicht auf die alte Festung geschafft. Er nahm sich fest vor, am nächsten Wochenende mit Pauline mit der Seilbahn dorthin zu fahren und das Gelände in und um die Festung einmal ausgiebig zu erkunden. Wenn es hielt, was die Touristenführer versprachen, dann wollte er Robert und seine Mutter zu einem Wochenende in Koblenz einladen und ihnen die Festung und einige andere Sehenswürdigkeiten zeigen.

„Ich bin wieder da", rief er und stieß die Wohnungstür mit dem Fuß zu.

Aus der Küche roch es verführerisch nach Essen. „Und ich habe Riesenhunger", fügte er noch schnell hinzu, nachdem ihm der Geruch in die Nase gestiegen war.

„Hab ich mir gedacht", klang Paulines Stimme aus der Küche. „Und ich erst. Wenn du jetzt nicht heimgekommen wärst, hätte ich auch allein gegessen."

„Wie?" Tom tat entrüstet. „Bist du etwa so ausgehungert nach einem Tag im Krankenhaus?"

„Da kannst du aber für. Ich bin gefühlt den ganzen Tag von oben nach unten und wieder zurück gerannt."

„Das Los der Praktikanten", lachte Tom. Er hatte in der Zwischenzeit Teller und Gläser aus dem Schrank genommen und sie auf den kleinen Küchentisch gestellt, der auch nur für zwei Personen geeignet war.

„Vielleicht auch das", gab Pauline zu. „Aber es war heute auch einfach wahnsinnig viel zu tun auf der Intensivstation. Und da waren ein zusätzliches Paar Hände und Füße sehr willkommen." Seufzend ließ sie sich in den Stuhl fallen und streckte die Beine aus. „Und jetzt muss ich was essen, sonst werde ich zur Diva."

Sie aßen schweigend, beide hingen ihren eigenen Gedanken nach und als sie nach dem Essen noch fernsahen, schlief Pauline schon vor der ersten Werbepause ein. Tom weckte sie und sie gingen beide früh zu Bett, doch Tom dachte vor dem Einschlafen noch lange an den toten Johannes Köhler und seine sympathische Witwe, die ihr Leben ab sofort allein meistern musste. In solchen Momenten war er immer wieder dankbar für seine Familie, die wie eine Wand hinter ihm stand.

Westerwald. Hofbauer saß am Esszimmertisch, auf dem er verschiedene Bücher ausgebreitet hatte. Von draußen schien die Sonne in den Wohn-Essbereich des großzügig und edel eingerichteten Hauses. Lediglich ein dunkler Streifen mitten im Zimmer erinnerte an die Spanplatte, die immer noch das mittlere der drei deckenhohen Fenster abdichtete, das noch nicht repariert war. Bei dem Blick auf den schattigen Streifen stieg in Hofbauer wieder die Wut hoch, doch auch ein wenig Unbehagen machte sich in ihm breit. Offensichtlich schien es jemand ernst zu meinen. Er versuchte, diese Gedanken aus seinem Kopf zu verbannen und sich mit etwas Angenehmerem zu befassen. Morgen war sein Interviewtermin beim lokalen Fernsehsender TV Mittelrhein, er sollte drei seiner alten Fälle dort vorstellen und über seine Erfahrungen als Kriminalbeamter berichten. Bei dieser Gelegenheit konnte er prima seine Bücher in die Kamera halten. Das hatte er sich fest vorgenommen.

Er blätterte durch die Bücher, um die entsprechenden Stellen herauszusuchen. Strategisch günstig wäre aus jedem der drei Bücher je einen Fall vorzustellen, damit er auch auf alle drei hinweisen konnte. Er konnte in jedem Teil des Interviews einen Fall aus einem anderen Buch erzählen und es dann dabei bewerben. Zufrieden über seinen genialen Plan vertiefte er sich wieder in die Bücher, um die jeweils spektakulärsten Fälle herauszusuchen, als er auf einmal das Knirschen des Kieses vor dem Fenster hörte. War da jemand oder hatte er sich das nur eingebildet? Er nahm den Gummiknüppel, den er stets an der Garderobe liegen hatte und ging hinaus. Er lief einmal um das komplette Haus herum, doch es war weit und breit niemand zu sehen. Er schüttelte den Kopf, scheinbar hatte er schon Halluzinationen.

02. Juli 2018 – Dienstag, 08:00 Uhr

Koblenz. „Wie gehen wir denn nun weiter vor?", fragte Stefan Mahler, als sie am nächsten Morgen im K11 zusammensaßen. Tiefe Schatten lagen um seine Augen. Er hatte eine schlaflose Nacht hinter sich. Seine Tochter war wieder einmal nicht zur vereinbarten Zeit nach Hause gekommen, sondern hatte sich mit ihren dubiosen Freunden irgendwo in der Stadt herumgetrieben. Auch Koblenz hatte genug Ecken, in denen gedealt und Alkohol in rauen Mengen konsumiert wurde. „Irgendwelche konstruktiven Vorschläge?"

Schweigen. Alle schauten ratlos auf den Tisch, auf dem die Unterlagen zum Fall ausgebreitet lagen.

„Vielleicht machen wir doch nochmal den Versuch mit einer ‚Tapete'", sagte Jonas Weber. „Wir listen alle Personen aus dem näheren Umfeld von Johannes Köhler auf und suchen nach Verbindungen. Ein offensichtliches Motiv gibt es nicht, aber irgendjemand muss ja einen Grund gehabt haben, ihn umzubringen. Nach einem Zufall sieht das hier nicht aus."

„Gute Idee, lasst es uns mit der Tapete versuchen", sagte Mahler und an Tom gewandt erklärte er: „Die Tapete ist ein Versuch, Ermittlungen voranzubringen, wenn man in einer Sackgasse steckt. Indem wir alles, was wir über das Opfer und die Tat wissen an einer Wand visualisieren, ergeben sich manchmal Zusammenhänge, die vorher einfach übersehen wurden. Also, lasst uns an die Arbeit gehen. Tom, du recherchierst im Internet alles, was du zu Johannes Köhlers beruflichem Werdegang finden kannst – Ausbildung, Studium, Jobs, Veröffentlichungen – eben alles, was er so gemacht hat und mit wem er zu tun hatte." Er rieb sich die müden Augen. „Jonas, du machst mal eine EMA-Abfrage beim Einwohnermeldeamt von ihm und der Frau und versuchst über die Einträge im Standesamt eventuelle Verwandte der beiden zu finden."

„Und du", sagte Jonas Weber mit einem Blick auf die geröteten Augen seines Vorgesetzten, „gehst besser noch einen Kaffee trinken. Verzeih die klare Aussage, aber du siehst furchtbar aus. Als hättest du die ganze Nacht durchgezecht."

Mahler schüttelte den Kopf. „Schön wär's, dann hätte ich wenigstens Spaß gehabt."

„Ärger mit Sabrina?" Jonas Weber und auch Frank Jörgens wussten von den Problemen, die Mahler im Moment mit seiner halbwüchsigen, sechzehnjährigen Tochter hatte. Es war immer das Gleiche mit den Polizistenehen – entweder sie zerbrachen schon vor den Kindern am Schichtdienst oder der Ärger begann spätestens dann, wenn die Kinder in die Pubertät kamen. Bei Mahler war es ganz ähnlich. Er war ein guter Ermittler und lebte seinen Job, aber die Familie war in den letzten Jahren dabei immer zu kurz gekommen. Nach dem, was Jonas Weber inzwischen herausgefunden hatte, hatte Sabrina die falschen Freunde und drohte, in ein wirklich miserables Milieu abzurutschen.

Mahler nickte nur. „Ich komme einfach nicht mehr an sie ran. Sie macht, was sie will und ich habe keine Ahnung, wer ihre Freunde sind und was sie den ganzen Tag treiben."

Westerwald. Hofbauer tigerte in seinem Wohnzimmer auf und ab wie ein eingesperrtes Tier. Heute Morgen, als er noch im Bett gelegen hatte, hatte schon wieder das Telefon geklingelt und niemand hatte sich gemeldet, als er abgehoben hatte. Wer steckte hinter diesen Anrufen und den Anschlägen? Wenn er doch nur einen Anhaltspunkt hätte, welche Wahrheit der Täter ans Licht bringen wollte. Leider gab es in seiner Vergangenheit schon den einen oder anderen dunklen Punkt, von dem aber außer ihm eigentlich niemand etwas wusste.

Er ging ins Bad, rasierte sich, kämmte sich die Haare und legte After Shave auf. Um elf Uhr war sein Termin mit dem Lokalsender und er wollte früh genug vor Ort sein. Er hoffte auf eine der hübschen jungen

Moderatorinnen, die er eventuell im Anschluss noch auf einen Kaffee einladen konnte. Renate hatte sich seit ihrem Auszug zu ihrer Schwester nicht mehr gemeldet, so langsam musste er sich Gedanken um seine Wäsche machen. Er würde seine Putzfrau fragen, ob sie sich in Zukunft auch darum kümmern konnte.

Er verließ das Haus und warf auf dem Weg in die Garage noch einen schnellen Blick in den Briefkasten. Die Telefonrechnung, Werbung und ein Umschlag, auf dem seine Adresse gedruckt war, aber sonst nichts. Die Tageszeitung steckte in der Rolle unterhalb des Briefkastens. Unschlüssig drehte er den Umschlag hin und her, dann riss er ihn auf. Ein DIN A4-Blatt lag zusammengefaltet in dem Umschlag. Er klappte es auf. Auf dem Blatt stand nur ein Zitat von Nietzsche: *„Wenn du lange in einen Abgrund blickst, blickt der Abgrund auch in dich hinein."*

Wütend knüllte Hofbauer den Zettel zusammen, besann sich dann allerdings einen Besseren und legte ihn vorsichtig mit den anderen Briefen auf die Kommode im Flur. Was auch immer das heißen mochte, jetzt hatte er keine Zeit, sich damit zu befassen. An erster Stelle kam der Fernsehtermin - auf den musste er sich jetzt konzentrieren.

02. Juli 2019 – Dienstag, 12:30 Uhr

Koblenz. Den ganzen Vormittag hatten Jonas und Tom mit Recherchearbeit zugebracht und noch vor der Mittagspause alle zusammengetragenen Informationen auf DIN A4-Blätter geschrieben und an mehrere große Stellwände geheftet, die jetzt als ‚Tapete' fungierten. Eine komplette Stellwand hatte Tom mit den Veröffentlichungen von Johannes Köhler zusammengetragen. Darunter waren neben einigen Anthologien aus der Koblenzer Region und natürlich seiner regelmäßig erschienenen Kolumne auch zwei Bücher – in dem einen hatte er eine Sammlung von Kurzgeschichten veröffentlicht, das andere war ein gemeinsames Buch mit einem Ermittler der Mordkommission im Ruhestand. Es enthielt Geschichten über wahre Kriminalfälle aus der Region. Tom hängte alles nebeneinander an die Wand und trat dann einen Schritt zurück, um sein Werk zu begutachten.

„Der gute Mann war ganz schön fleißig, der hat eine ganze Menge Veröffentlichungen geschrieben", sagte er anerkennend. „Schaut mal, sogar zwei Bücher sind darunter und eins mit Kriminalgeschichten."

Frank Jörgens trat näher und betrachtete die Wand ebenfalls. „Gute Arbeit, Tom", sagte er und klopfte dem jungen Mann anerkennend auf die Schulter. Tom errötete ein wenig ob des Lobes. Jörgens legte den Kopf schräg und schaute noch einmal genauer hin. „Dieses Buch da", er deutete auf einen der beiden Ausdrucke. „Schaut euch mal den Co-Autor an."

Jonas Weber und Tom schauten auf den Ausdruck und zuckten beide mit den Schultern. „Muss uns der Name etwas sagen?", fragte Jonas Weber. „Ich wüsste nicht, dass ich den schon einmal gehört hätte."

„Achja, kann euch ja auch gar nichts sagen." Frank Jörgens fasste sich an die Stirn. „Ihr wart ja gar nicht hier, als die beiden Streifenkollegen gestern Mittag hier waren."

„Streifenkollegen?"

„Ja, als ihr gestern bei der Redaktion wart, kamen zwei Streifenkollegen, die etwas über einen ehemaligen Kommissar vom K11 wissen wollten, dem seit einiger Zeit seltsame Dinge widerfahren. Und jetzt ratet mal, wie der Mann hieß – Richard Hofbauer, genau wie der, mit dem Johannes Köhler dieses Buch geschrieben hat." Er zeigte auf das Cover des Buches mit dem Titel ‚Wahre Verbrechen'. „Ob das alles ein Zufall ist?"

„Grundsätzlich glaube ich zwar nicht an Zufälle", sagte Jonas Weber mit gerunzelter Stirn, „aber der Zusammenhang erschließt sich mir auch noch nicht so ganz", fügte er dann grinsend hinzu.

„Die beiden Streifenkollegen haben mir erzählt, dass sie in einem Fall ermitteln, bei dem ein ehemaliger Mitarbeiter des K11 mit seltsamen Botschaften bedroht wird. Unter anderem hat ihm jemand einen mit einem Stein umwickelten Pflasterstein durch sein Wohnzimmerfenster geworfen. Auf dem Blatt stand: *Die Wahrheit kommt ans Licht.*" Die Beamten hatten das Gefühl, dass dieser Herr Hofbauer ihnen etwas verschweigt und deswegen waren sie hier, um etwas über ihn zu erfahren", klärte Frank Jörgens seine Kollegen auf.

„Und konntest du ihnen weiterhelfen?" Das Interesse von Jonas Weber war geweckt.

Jörgens schüttelte den Kopf. „Ich nicht, ich bin erst seit sechs Jahren hier im K 11, der Kollege Hofbauer ist schon vor ungefähr zehn Jahren in Rente gegangen. Aber ich habe die beiden an Thomas Brandt verwiesen, der müsste noch mit Hofbauer zusammengearbeitet haben."

„Schon seltsam, dass ausgerechnet dieser Kommissar mit unserem Mordopfer zusammen ein Buch geschrieben hat", merkte Tom an. „Aber einen direkten Zusammenhang sehe ich dabei auch nicht."

„Wir müssen jeder möglichen Spur nachgehen, also schlage ich vor, dass wir morgen mal den Verleger dieses Buches aufsuchen und ihn zu den Geschichten darin und der Entstehung befragen", schlug Jörgens vor.

„Schaden kann es auf jeden Fall nicht", stimmte Jonas Weber zu. „Es könnte ja auch sein, dass wir in den Fällen, die darin beschrieben sind, einen möglichen Täter finden."

„Stimmt, auf die Idee bin ich noch gar nicht gekommen. Ich rufe gleich mal in der Buchhandlung an und bestelle uns ein Exemplar. Und dann geht es ans Lesen und vor allem Akten dazu raussuchen."

Westerwald. Zufrieden verließ Hofbauer das Fernsehstudio von TV Mittelrhein in Urbar und ließ seinen Blick über den Hof schweifen. Er hatte sich gut verkauft, davon war er überzeugt. Alle drei Bücher hatte er nach und nach in die Kamera gehalten und dem Publikum angepriesen. Mit Sicherheit gab es den einen oder anderen Zuschauer, der wieder eins der Exemplare bestellen würde. Auf das Geld, das er damit verdiente, war er nicht angewiesen und es waren auch eher unbedeutende Beträge - ihm ging es allein um die Publicity. Sein Blick blieb an seinem Auto hängen, das er direkt neben dem Eingang geparkt hatte. Etwas klemmte hinter dem Scheibenwischer. Er fluchte. Noch nicht einmal auf dem Parkplatz eines Studios konnte man seinen Wagen abstellen, ohne dass irgendwelche dubiosen Händler ihre Werbung an die Autos klemmten. Er schnippte die Zigarette weg und wollte den Zettel achtlos wegwerfen, als er stutzte. Das war kein Werbezettel, es war schon wieder ein Umschlag, aber dieses Mal stand nichts darauf als sein Name. Er drehte und wendete den Umschlag in der Hand, dann riss er ihn auf. Es war wieder nur ein bedruckter Zettel, auch dieses Mal mit nur einem Satz: *„Die Geister, die ich rief, die werd' ich nun nicht los."*

„Verdammte Scheiße", fluchte Hofbauer. Hatte man den nirgendwo mehr seine Ruhe? Und woher hatte dieser Täter gewusst, dass er heute hier im Studio war? Für einen kurzen Moment tigerte er neben seinem

Auto auf und ab. Dann fiel es ihm ein. Er hatte das anstehende Interview auf seinem Facebook-Account gepostet, wie er es immer tat. Und da seine Seite öffentlich war, hatte es jeder wissen können. Er stieg ein und warf den Zettel unbeachtet in den Fußraum seines Wagens, bevor er aufs Gaspedal trat und wütend davonraste.

Zu Hause angekommen stand Renates Auto in seiner Einfahrt. Sie kam wohl doch zurück. Er fuhr seinen Wagen in seine Garage, stieg aus und setzte ein selbstgefälliges Lächeln. Hatte er es doch gewusst, dass sie es nicht lange ohne ihn aushalten würde.

„Na, bist du von dem Besuch bei deiner Schwester zurück?", fragte er, als er den Flur durch den Nebeneingang betrat.

Renate kam gerade die Treppe aus dem Obergeschoss herunter, in jeder Hand hielt sie eine Reisetasche.

„Das könnte dir so passen", schnappte sie und schob sich rüde mit den beiden Taschen an ihm vorbei. „Ich habe mir nur einen Teil meiner anderen Sachen geholt, den Rest lasse ich abholen, wenn ich eine eigene Wohnung gefunden habe."

Völlig verdattert stand Hofbauer im Flur und blickte seine Noch-Lebensgefährtin an. Er, Richard Hofbauer, wurde nicht von einer Frau verlassen, er verließ die Frauen. In ihm machte sich heiße Wut breit.

„Glaub aber ja nicht, dass du irgendwann hier wieder vor der Tür stehen kannst", rief er ihr wutentbrannt nach, doch sie drehte sich noch nicht einmal mehr um.

Sie zog die Haustür hinter sich zu und er stand einen Moment unentschlossen im Flur. Dann stellte er seine Aktentasche ab, nahm sich ein Bier aus dem Kühlschrank und setzte sich an den Esstisch. Jetzt hatte sie ihm diesen Tag, der so schön hätte werden sollen, auch noch verdorben.

02. Juli 2019 – Dienstag, 14:00 Uhr

Koblenz. „Vielen Dank, dann kommen wir gleich vorbei und holen das Exemplar ab." Jonas Weber legte das Mobilteil des Telefons auf den Tisch und wandte sich an Tom. „Hast du Lust auf einen kleinen Ausflug in die Stadt?"

„Klar, was soll ich denn besorgen?"

„Reuffel am Altlöhrtor hat sogar eins von diesen Büchern von Hofbauer vorrätig. Ich habe es zurücklegen lassen und du könntest es gleich eben abholen. Und dann können wir mit Lesen anfangen und hoffen, dass wir den Täter in den Reihen der in diesem Buch beschriebenen Fälle finden."

„Kein Problem, dann mach ich mich mal auf den Weg", sagte Tom und verließ das Büro.

Zu Fuß waren es nur knapp zehn Minuten und die Hälfte des Weges führte durch die Fußgängerzone. Die Sonne schien und Tom genoss den kurzen Spaziergang durch die frische Luft. Er ging am Löhr-Center vorbei und wollte eben ins Altlöhrtor einbiegen, als sein Blick auf ein seltsames Straßenschild fiel – „Kleinschmidtsgäßchen" stand dort in alten verschlungenen Buchstaben. Toms Neugier war geweckt und er beschloss, den kleinen Schlenker durch diese fast verwunschen anmutende Gasse zu gehen. Nur wenige Meter weiter stand er vor einem Turm. Neugierig trat er näher an das Messingschild neben der Tür zu einem kleinen Nähstudio. „Alter Stadtturm – Teil der alten Stadtmauer, die zwischen 1276 und 1289 unter Erzbischof Heinrich von Visslingen errichtet wurde" stand darauf. Tom schaute an dem Turm hoch. Er sah aus, als sei der Turm um die übrig gebliebenen Steine der alten Stadtmauer herumgebaut worden. Eine sehr filigrane Arbeit, bei der großer Wert darauf gelegt worden war, das Original so weit wie möglich zu erhalten.

„Hast du was für mich?", hörte er eine junge weibliche Stimme. Sie klang flehentlich.

„Gegen Kohle, fünfzig und du kriegst was."

Tom lugte vorsichtig um die Ecke, um nicht bemerkt zu werden. Die Stimme des Mädchens kam ihm irgendwie bekannt vor, aber er konnte sich natürlich auch täuschen. Das Mädchen wandte ihm den Rücken zu. Sie hatte schulterlange brünette Haare und war sehr schlank, fast schon dürr. Er wartete ab in der Hoffnung, dass sie sich zur Seite drehte und er ihr Gesicht sehen konnte, wagte kaum zu atmen, doch den Gefallen tat sie ihm nicht.

‚Geht mich ja eigentlich nichts an', dachte er sich und wollte sich abwenden, als er aus dem Augenwinkel ihre Drehung wahrnahm. Er hatte sie schon einmal gesehen, zwar nur auf einem Foto auf dem Schreibtisch, aber er war sich sicher - hier in der Gasse stand die Tochter seines Vorgesetzten und wollte Drogen kaufen. Tausend Gedanken gingen ihm durch den Kopf. Er blieb im Verborgenen stehen, zog sein Handy aus der Gesäßtasche seiner Jeans. Was er mit den Bildern machen würde, das konnte er sich immer noch überlegen. Mahler würde nicht begeistert sein, aber Tom hatte schon am Rande mitgehört, dass es bei ihm zu Hause Probleme gab. ‚Ich rufe heute Abend Robert an und frage ihn nach seiner Meinung', beschloss er.

„Ich habe aber nur 20", sagte das Mädchen in dem Moment und drehte sich in seine Richtung. Tom machte schnell ein weiteres Foto und zog sich weiter in den Schatten des Gebäudes zurück. Jetzt war er sich sicher, dass es sich um die Tochter des Kommissariatsleiters handelte.

Er verließ die Gasse und ging in Richtung des Forums. Nur wenige Meter weiter auf der rechten Seite war der Eingang zur Buchhandlung Reuffel. Er betrat den Laden und ging zielstrebig auf die Kassentheke zu.

„Guten Tag", begrüßte ihn eine junge Angestellte mit einer runden Hornbrille und einem freundlichen Lächeln. „Wie kann ich Ihnen helfen?"

„Tom Kunz", stellte er sich vor. „Mein Kollege Herr Weber hat heute Vormittag angerufen und ein Buch von einem Richard Hofbauer zurücklegen lassen. Ich möchte es abholen."

„Einen Moment." Die junge Frau drehte sich nach hinten zu der Ablage und schaute verschiedene Bücher durch, die dort mit einem Bestellzettel und einem Gummiband versehen bereitlagen. „Ah, da ist es." Sie legte das Buch auf die Theke und gab die Daten von dem Blatt in den Computer ein. „Wozu bestellt die Mordkommission eigentlich ein Buch eines pensionierten Kommissars? Oder ist das ein Geheimnis?"

„Leider ja", antwortete Tom und legte die 15 Euro auf die Theke, die Jonas Weber ihm mitgegeben hatte.

„12,80 €." Die Angestellte gab ihm das Rückgeld, den Kassenbon und das Buch. „Das ist aber schade. Möchten Sie eine Tüte oder geht das so?"

„Das geht so", antwortete Tom. „Aber spätestens, wenn der Fall aufgeklärt ist, können Sie bestimmt davon in der Presse lesen."

„Dann bin ich ja mal gespannt."

Tom winkte noch einmal kurz und machte sich dann auf den Weg zurück.

Nur fünfzehn Minuten später war er wieder im K11 und legte das Buch auf den Tisch unter dem Fenster.

„So, da sind sie", sagte er. „Die ‚wahren Verbrechen' des Herrn Kriminalhauptkommissar Hofbauer a.D. Da bin ich ja mal wirklich gespannt, ob wir dort ein Mordmotiv finden. Vorstellen kann ich es mir nicht."

„Wieso?", wollte Jonas Weber wissen.

„Naja, das Buch ist ja nicht erst gestern erschienen, sondern schon", er warf noch einen Blick auf die Rückseite, „2013. Warum sollte ausgerechnet jetzt – sechs Jahre nach Erscheinen des Buches - jemand auf die Idee kommen, sich am Autor zu rächen? Und warum sollte er den Co-Autor umbringen, aber Hofbauer ‚nur' bedrohen?" Tom kam richtig in Fahrt. „Es sei denn, der Täter ist völlig wahnsinnig und verfolgt einen Racheplan, an dessen Ende der Tod von Hofbauer steht."

„Möglich wäre auch das", schaltete sich Frank Jörgens mit in das Gespräch ein. „Wir haben hier schon die unglaublichsten Sachen erlebt."

„Auch wieder wahr", pflichtete Jonas Weber ihm bei. „Wir werden es nur herausfinden, wenn wir uns der Lektüre widmen. Wie gehen wir vor? Ich würde sagen, das Ding", er zeigte auf das Buch, „geht rum. Jeder liest eine Geschichte und sucht sich dann die Akte zu dem Fall raus. Tom, du hast die große Ehre anzufangen", grinste er breit.

„Umso eher hab ich es hinter mehr", sagte Tom mit gespielt gequältem Gesichtsausdruck. Er setzte sich an den Tisch und begann, die erste Geschichte zu lesen. Sie trug den Titel „Mord im Hinterhof" und handelte von einem versoffenen Mann, der erst seine Frau erstochen hatte und dann auf die beiden Söhne – zum Zeitpunkt der Tat vier und sieben Jahre alt – einstechen wollte. Doch ein couragierter Nachbar hatte den Tumult gehört, und konnte eine weitere Bluttat verhindern. Geschehen war die Tat Mitte der Neunziger, als Tom gerade in den Kindergarten ging. Er machte sich ein paar Notizen auf seinem Block.

„So, ich bin fertig", verkündete er etwas später und schob das Buch triumphierend in die Mitte des Tisches zurück. „Der nächste darf sich dem literarischen Genuss widmen."

Mit seinen Notizen ging er an den Computer und begann nach den Akten über diesen Fall zu suchen.

Jonas Weber nahm sich die nächste Geschichte im Buch vor.

„Also den Täter aus „Mord im Hinterhof" können wir getrost schon einmal von unserer Liste streichen", sagte Tom nach einer Viertelstunde. Er druckte zwei Seiten aus und hängte sie mit an die Wand, an der sie alle Informationen zu diesem Fall sammelten. „Der Täter ist noch in Haft in der JVA auf der Karthause verstorben, an irgendeiner Infektionskrankheit, die er sich im Gefängnis geholt hat. Die beiden Söhne sind heute erwachsen, leben aber nicht mehr hier in der Gegend. Und Motiv haben sie auch wirklich keins, denn schließlich war es für die beiden Jungs ja das Beste, dass die Polizei ihren Vater weggesperrt hatte."

Jonas Weber hatte sich in der Zwischenzeit in eine Geschichte mit dem Titel „Bordell-Schönheiten" vertieft. Er machte sich eifrig Notizen auf seinem Block.

„Das hier könnte schon eher was für uns sein", sagte er zu den anderen.

„Worum geht es denn?", fragte Frank Jörgens.

„Um ein Bordell names Oasis, das ist im Industriegebiet Kesselheim. Da ist vor zwanzig Jahren sogar mal eine Leiche in der Nähe gefunden worden. Einer von vier Obdachlosen, die damals aus noch ungeklärten Motiven umgebracht wurden."

„Na, das klingt zwar echt interessant, aber was soll das mit unserem Mord und den seltsamen Vorkommnissen um unseren Ex-Kommissar zu tun haben?" Tom verstand den Zusammenhang noch nicht.

„Ich hab gerade mal im Netz nachgeschaut und der Täter, der damals dafür verurteilt wurde, ist im Frühjahr entlassen worden. Der könnte doch durchaus ein Motiv haben, sich an dem Kommissar zu rächen, der ihn in den Knast gebracht hat."

„Wie alt war der Typ denn, als er die Morde begangen hat?", fragte Tom. „Wie du sagst, ist das ja auch schon fast zwanzig Jahre her."

„Siebzehn, um genau zu sein. Die Morde passierten Ende des Jahres 1999, der Täter war bei seiner Verurteilung zwanzig Jahre alt und das Urteil lautete zehn Jahre."

„Zehn Jahre? Für vier Morde?" Tom konnte nicht so recht glauben, was er da hörte.

Weber hatte sich inzwischen durch die restlichen Berichte geklickt. „Angeklagt wurde er nur für drei Morde, weil die Staatsanwaltschaft ihm nur die sicher nachweisen konnte. So, wie das hier steht, wollten sie sichergehen, dass er dann wenigstens für die drei Morde verurteilt wurde und keinen Verfahrensfehler riskieren."

„Auch für drei Morde finde ich das nicht genug." Tom zog kritisch die Augenbrauen zusammen.

„Jugendstrafrecht – der Typ war erst zwanzig und wurde als nicht entsprechend reif vom Psychologen beurteilt."

„Unter Anwendung von Jugendstrafrecht sind zehn Jahre die höchstmögliche Strafe", schaltete sich Frank Jörgens in die Unterhaltung ein.

„So oder so, der ist jedenfalls wieder draußen und bevor wir hier weitersuchen, könnten wir ihm ja mal einen Besuch abstatten und gucken, was er jetzt so treibt, nachdem er keine gesiebte Luft mehr atmet", schlug Jonas Weber vor. „Und um ganz ehrlich zu sein", fügte er grinsend hinzu, „würde ich mir den Vogel gerne mal ansehen. Ich wüsste einfach nur zu gern, was das für ein Typ ist. Wer hat solch einen Hass auf Obdachlose, dass er sie tötet? Zu holen war bei denen ja nichts. Und auch, wenn ich damals noch in der Schule war, hat der Fall in der ganzen Stadt ein riesiges Aufsehen erregt."

„Auch wieder wahr", stimmte Tom zu. „Darf ich mitgehen?"

„Klar, warum nicht? Jede Erfahrung kann dir für deine Ausbildung nur hilfreich sein. Aber lasst euch vorher noch die vollständige Akte aus dem Archiv kommen und arbeitet sie durch. Nicht dass ihr irgendetwas überseht und seid vorsichtig – jemand, der vier Menschen auf dem Gewissen hat, ist mit Vorsicht zu genießen."

Jonas Weber und Tom nickten. Sie machten sich auf den Weg zum Archiv, während Frank Jörgens das Buch mit den Kriminalgeschichten zu sich heranzog und sich die nächste Geschichte mit dem Titel „Mord und Totschlag" vornahm.

02. Juli 2019 – Dienstag, 16:30 Uhr

Koblenz. „Puuh, das ist ja ein endloser Wälzer", stöhnte Tom. „Diese Akte nimmt ja überhaupt kein Ende."

„Immerhin gab es damals ja auch insgesamt vier Morde und diverse Körperverletzungen, die aufgeklärt werden mussten."

Sie hatten zwei dicke Mappen über die sogenannten Heyerberg-Morde mit vergilbten Fotos, Berichten der Spurensicherung und Obduktionsberichten aus dem Archiv mitgenommen und waren inzwischen bei den Protokollen der Gerichtsverhandlung angelangt.

„Das glaube ich jetzt nicht." Tom starrte ungläubig auf die Polizeiberichte.

„Was glaubst du nicht?", fragte Jonas Weber, der vor sich die Fotos von den verschiedenen Obduktionen auf dem Tisch liegen hatte. Unter anderem befand sich darunter eine Nahaufnahme von einem aufgesägten Schädel, in dessen Decke sich eine fast fünf Zentimeter große Delle befand, wo der Schädelknochen durch Gewalt von außen eingedrückt war. Toms Blick fiel darauf.

„Um den Schädelknochen so einzuschlagen, reicht aber auch kein einfacher Faustschlag", fragte er seinen Kollegen, ohne den Blick von dem zertrümmerten Schädel auf dem Foto abwenden zu können.

„Nein" stimmte Jonas Weber ihm zu, „aber in einem der Berichte steht auch, dass der Täter wohl Boxer war. Der hatte garantiert Bärenkräfte, aber der muss auch mit unbändiger Wut zugeschlagen haben, um so ein Loch in den Schädel zu hauen. Aber was wolltest du denn gerade nicht glauben?", kam er auf Toms Ausruf von zuvor zurück.

„Achso, das hätte ich über dem Bild fast vergessen", erinnerte sich Tom. „Rate mal, wer der leitende Ermittler im Fall der Heyerberg-Morde war?"

„Wenn du so fragst, dann war es bestimmt wieder dieser komische Kommissar – wie hieß er noch gleich?"

„Hofbauer", half Tom ihm auf die Sprünge. „Und ja, genau der hat damals auch in diesem Fall ermittelt. Aber es kommt noch besser, der Täter aus diesem Fall ist seit einigen Wochen wieder auf freiem Fuß. Und der hätte ja wohl allen Grund unseren Herrn Kommissar a.D. auf dem Kieker zu haben."

„Das stimmt", nickte Weber. „Auf jeden Fall sollten wir den Verdächtigen mal überprüfen. Schaden kann es ja nicht, zu checken, ob er für die fraglichen Zeiten ein Alibi hat."

Toms Blick war in der Zwischenzeit zu Stefan Mahler gewandert, der in seinem Büro mit finsterer Miene auf den Bildschirm vor sich starrte und abwesend wirkte.

„Erde an Tom – hörst du mir überhaupt zu?" Jonas Weber stupste Tom an, der aus seinen Gedanken aufschreckte.

„Ja, ja natürlich, Alibi", stammelte er.

„Hast du ein Gespenst gesehen?"

„Nein, alles in Ordnung", beeilte Tom sich, zu versichern. „Ich musste nur kurz an etwas denken und war abgelenkt."

„Das habe ich gemerkt. Verrätst du mir, was es war?"

„Später vielleicht", wich Tom ihm aus. „Es hat auch nichts mit dem Fall hier zu tun."

Jonas Weber merkte, dass sein Praktikant nicht über seine Gedanken sprechen wollte oder konnte und ließ das Thema auf sich beruhen.

„Wie heißt denn dieser Heyerberg-Mörder mit richtigem Namen? Hört sich irgendwie krank an."

„Ja, die Zeitungen haben ihm diesen Namen gegeben, weil zwei der Leichen auf dem Heyerberg gefunden wurden", wusste Frank Jörgens zu ergänzen. „Sein richtiger Name ist Bert Bender. Er ist der Sohn eines Schrotthändlers, der allerdings nicht mehr lebt. Warte mal, ich erinnere mich da an eine Meldung im Zusammenhang mit dem Prozess damals.

Da war ich zwar noch Schüler, aber die Geschichte hat in Koblenz mächtig Aufsehen erregt. Nachdem der Sohn verurteilt wurde, hat der Vater sich eine Kugel in den Kopf gejagt. Der Schrottplatz ist seitdem geschlossen, was aus dem Rest der Familie geworden ist, weiß ich nicht. Ich vermute, die hat es in alle Winde zerstreut."

„Aber dieser Bert Bender sollte uns auf jeden Fall einen Besuch wert sein", gab Jonas Weber zu bedenken. „Wenn er jetzt vor kurzem aus der JVA entlassen wurde, könnte er schon beschließen, sich an dem Mann zu rächen, der ihn in den Knast gebracht hat und somit indirekt auch seinen Vater auf dem Gewissen hat."

Tom legte den Kopf schräg. „Was das dann aber mit dem Tod von Johannes Köhler zu tun? Er hat zwar das Buch geschrieben, in dem unter anderem die Geschichte von den Heyerberg-Morden steht, aber dieser Mann hat noch nie einer Fliege etwas zuleide getan. Wer sollte also ein Interesse daran haben, diesem Mann etwas anzutun?"

„Weißt du, was in den kranken Hirnen von Serienmördern wie diesem Bender vorgeht?", sagte Jörgens. „Er hat damals vier unschuldige Menschen ohne ersichtliches Motiv umgebracht und nach inzwischen mehr als zehn Jahren Haft hat sich seine soziale Kompetenz, so er denn jemals eine besessen hat, mit Sicherheit nicht weiter entwickelt. Du darfst nie vergessen", wandte er sich an Tom, „dass solche Straftäter, die sowieso schon ein völlig anderes Verhältnis zu Gewalt und Regeln haben, im Gefängnis nicht unbedingt tauglicher für das Alltagsleben werden. Gerade weil sie oft nichts außer dem Gefängnis kennen, macht ihnen die plötzliche Freiheit oft regelrecht Angst."

„Wieso sollte jemand denn Angst vor dem Leben außerhalb der Gefängnismauern fürchten?"

„Für uns ist das vielleicht schwer zu verstehen, aber im Gefängnis ist alles vorgegeben, es gibt geregelte Zeiten für alles, drei Mahlzeiten am Tag und die Insassen müssen nichts selber organisieren. Wenn sie dann entlassen werden und sich irgendwann um Miete, Nebenkosten, Einkäufe und Versicherungen kümmern müssen, sind sie mit dem Alltag völlig überfordert und nicht wenige tun alles, um schnell wieder in den ‚sicheren' Knast zurückzukommen."

Tom schüttelte verständnislos den Kopf. „Versteh einer die Menschen, erst wollen sie aus dem Knast und wenn sie draußen sind, dann wollen sie wieder rein."

„Ich finde jedenfalls, wir sollten dem Vogel mal auf den Zahn fühlen", beschied Jonas Weber. „Haben wir eine Adresse von diesem Bert Bender?"

Frank Jörgens, der während des Gesprächs an seinem Rechner gesessen hatte, tippte eine EMA-Abfrage.

„Gemeldet ist er unter seiner alten Adresse, bei seiner Mutter. Ich schlage vor, ihr fahrt mal hin und erkundigt euch mal unverbindlich nach dem netten Sohn."

Das ließen sich Tom und Jonas Weber nicht zweimal sagen und mit der Adresse auf einem Notizzettel waren sie auch schon zur Tür hinaus.

02. Juli 2017 – Dienstag, 18:30 Uhr

Koblenz. Tom und Jonas Weber parkten das Auto in einer Nebenstraße im Koblenzer Stadtteil Güls und gingen den Rest des Weges zu Fuß, weil es sich bei der angegebenen Adresse um eine schmale Sackgasse handelte, an dessen Ende ein recht großes Haus stand, dessen Vorgarten und Fassade allerdings recht vernachlässigt wirkten.

„Ob sie dort die letzten Jahre alleine gelebt hat?", sprach Tom den Gedanken aus, den beide hatten.

„Ich denke schon", antwortete sein Kollege. „Noch interessanter ist für mich jedoch die Frage, wie jemand mit dem Gedanken leben kann, einen mehrfachen Mörder in seiner Familie aufgezogen zu haben. Entweder darf man da als Mutter kein Gewissen haben oder eine Mutter muss sich doch ihr ganzes Leben lang Vorwürfe machen, solch ein Monster auf die Gesellschaft losgelassen zu haben."

„Gute Frage, aber kann man wirklich Eltern dafür verantwortlich machen, was aus ihren Kindern wird?"

„Vielleicht nicht ausschließlich, aber irgendwie fühlt man sich als Elternteil bestimmt mitschuldig. Ich bin echt mal gespannt auf diese Frau Bender und ihren Sprößling."

Sie hatten den Eingang erreicht, eine kleine Messingklingel ohne Namensschild war neben der verwitterten Holztür angebracht.

Jonas Weber zuckte kurz die Achseln, dann legte er seinen Daumen auf den Knopf und drückte. Von drinnen war ein melodischer Klingelton zu hören. Einige Zeit verging und nichts tat sich. Just in dem Moment, als Jonas Weber ein zweites Mal klingeln wollte, waren hinter der Tür schlurfende Schritte zu hören. Die Haustür wurde geöffnet und eine kleine, verhärmt wirkende Frau mit grauen Haaren, die im Nacken zu einem strengen Knoten zusammengesteckt waren, blickte die beiden jungen Männer an.

Jonas Weber zückte seinen Ausweis. „Jonas Weber vom K11 in Koblenz und das", er wies mit der freien Hand auf Tom, „ist Tom Kunz."

Die Frau schaute sie mit unbewegtem Blick an. „Und was wünschen Sie?" Ihre Stimme sollte kalt klingen, doch ein leises Vibrato war nicht zu überhören.

„Frau Bender?" Jonas Weber warf einen fragenden Blick in Richtung des nicht vorhandenen Namensschildes.

„Ja, die bin ich", antwortete die Frau. „Was wollen Sie denn nun von mir?"

„Dürfen wir einen Moment reinkommen?"

„Wenn es sein muss." Frau Bender wirkte abweisend. Es war ganz offensichtlich, dass sie endgültig von der Polizei im Haus die Nase voll hatte.

Jonas Weber versuchte es erneut. „Sie müssen uns natürlich nicht hineinlassen, aber wir würden gerne etwas mit Ihnen besprechen und das müssen die Nachbarn ja nicht unbedingt hören."

„Dann kommen Sie eben herein", gab die alte Dame nach. „Aber ich habe nicht ewig Zeit."

‚Schon klar', dachte Tom bei sich. ‚Dein Tag ist wahrscheinlich von morgens bis abends mit Terminen vollgestopft.'

„Wir werden Sie bestimmt nicht lange aufhalten", versprach Jonas Weber.

Unwillig trat die Frau zwei Schritte zurück und öffnete die Tür genauso weit, dass die beiden durchgehen konnten. Sie betraten einen fensterlosen, dunklen Flur, dessen düstere Atmosphäre durch die wuchtigen dunklen Mahagonimöbel noch verstärkt wurde. Die Frau führte sie weiter in ein kaum weniger düsteres Wohnzimmer. Eiche rustikal mit dem dazugehörigen schwarzen, wuchtigen Ledersofa. ‚Hier drin kann man auf Dauer ja nur depressiv werden', dachte Tom sich nach einem Blick durch den Raum. Frau Bender bot ihnen Platz an und sie ließen sich nebeneinander auf dem Sofa nieder.

„Ursprünglich sind wir wegen ihres Sohnes gekommen", begann Jonas Weber und sofort versteinerte sich das Gesicht der Frau.

„Mein Sohn ist schon seit drei Wochen nicht mehr hier gewesen", sagte sie, ohne eine weitere Frage abzuwarten.

„Und Sie haben auch keine Ahnung, wo er sich aktuell aufhält?", hakte Weber nach. „Gemeldet ist er doch noch bei Ihnen?"

Die Frau zuckte die Achseln. Fast tat sie den beiden Ermittlern ein wenig leid, weil sie so verloren und einsam wirkte.

„Er hat sich hier gemeldet, als er aus der JVA auf der Karthause entlassen wurde", begann sie zögernd zu erzählen. „In den ersten Wochen war alles sehr gut, Bert hat sich auf die Suche nach einem Job gemacht, aber leider hat er nur Absagen bekommen. Niemand wollte ihm eine Chance geben."

‚Was mich bei einem vierfachen Mörder jetzt gar nicht mal so überrascht', dachte Tom bei sich.

„Und was ist dann passiert?", fragte er laut.

„Er ist nach und nach wieder mit seinen alten Freunden in Kontakt gekommen und in die falschen Kreise abgerutscht. Ich habe mit Engelszungen auf ihn eingeredet, aber es hat nichts genützt. Seit einigen Wochen hängt er wieder mit diesen ganzen Kleinkriminellen rum." Man konnte hören, dass diese Tatsache der Frau großen Kummer bereitete.

„Wissen Sie denn, wo er sich jetzt aufhält?", fragte Jonas Weber, auch wenn ihm klar war, dass sie wahrscheinlich keine Antwort auf diese Frage erhalten würden.

Wie erwartet schüttelte die Frau denn Kopf. „Nein, ich habe ihn seit mehr als drei Wochen hier nicht mehr gesehen. Wir hatten Streit, müssen Sie wissen. Ich wollte, dass er sich von den Kriminellen fernhält, da ist er ausgerastet, hat mich angeschrien, dass diese Gesellschaft ihm ja sowieso keine Chance geben würde und ist dann abgehauen. Seitdem habe ich ihn nicht mehr gesehen. Und bevor Sie fragen, ich kenne seine sogenannten Freunde nicht, da habe ich mich nie für interessiert. Ich war froh, als er wieder nach Hause kam, aber seit er im Gefängnis war, ist er nicht mehr derselbe."

‚Sie will uns wohl kaum ernsthaft glauben machen, dass der gute Junge vorher ein Sonnenschein und Musterknabe war', dachte Tom sarkastisch.

„Hat er Geld zur Verfügung, von dem er jetzt leben kann?"

„Er hat etwas Bargeld eingesteckt und er hat eine Kontokarte, mit der er auf mein Konto zugreifen kann."

Unwillkürlich wanderten Webers Augenbrauen nach oben. „Haben Sie denn mal kontrolliert, wie viel Geld er inzwischen abgehoben hat?"

„Nein", schüttelte die Frau den Kopf, „aber viel Geld besitze ich nicht, also kann er auch nicht viel abgehoben haben."

‚Hier kommen wir nicht weiter. Dabei stand in der Akte doch etwas von Versicherungsbetrug und einer hohen Summe, die die Familie damals kassiert hat. Scheint nicht mehr viel von übrig zu sein', dachte Jonas Weber und erhob sich. „Dann wollen wir Sie auch gar nicht länger stören", sagte er laut und erhob sich. „Vielen Dank für Ihre Unterstützung, wir werden uns dann auf die Suche nach Ihrem Sohn machen."

„Was wollen Sie denn überhaupt von ihm?" Plötzlich schien ihr einzufallen, dass sie das noch gar nicht gefragt hatte. „Gibt es einen Grund, weshalb sie ihn so dringend sprechen wollen? Hat er etwas angestellt?"

Jonas Weber und Tom standen schon an der Tür des Wohnzimmers. Weber drehte sich noch einmal zu der Frau um. „Es geht um eine Routinebefragung. Mehr können wir Ihnen im Moment noch nicht sagen."

Die Haustür schloss sich hinter ihnen.

„Was denkst du?", fragte Jonas Weber Tom.

Der zuckte die Achseln. „Ich glaube, sie weiß wirklich nichts. Und irgendwie tut die Frau mir leid. Sieht so aus, als hätte sie alles verloren, hatte sich gefreut, dass ihr Sohn wieder da ist. Die aufkeimende Hoffnung auf ein bisschen Normalität und Familienleben und jetzt liegt das alles wieder in einem großen Scherbenhaufen."

Weber nickte zustimmend. „So sehe ich das auch. Dann wird uns wohl nichts Anderes übrigbleiben, als Bert Bender zur Fahndung auszuschreiben, auch wenn ich irgendwie nicht glaube, dass er unseres Rätsels Lösung ist."

02. Juli 2017 – Dienstag, 19:45 Uhr

Koblenz. Pauline hatte sich in einer Ecke des Sofas mit einem Buch zusammengerollt, während Tom gedankenverloren auf den Fernseher starrte, in dem eine Vorabendshow lief.

„Was hast du?" Pauline blickte von ihrem Roman auf und stupste ihren Freund mit den Zehen an.

Tom schreckte aus seinen Gedanken hoch. „Was?"

„Was mit dir los ist?" Pauline ließ nicht locker. „Du starrst in den Fernseher, als hättest du einen Geist gesehen."

„Naja, einen Geist nicht gerade, sondern leider etwas sehr Reales, aber ich weiß nicht, wie ich damit umgehen soll", versuchte Tom, sein Problem zu erklären.

„Kannst du vielleicht ein kleines bisschen konkreter werden? Ich verstehe nicht so wirklich, worum es geht."

„Ich war ja kürzlich in der Stadt und habe dieses Buch von dem Kommissar abgeholt, der in letzter Zeit bedroht wird. Als ich auf dem Weg zur Buchhandlung war, habe ich mir ein Stück der alten Stadtmauer angesehen, das in einem kleinen Gässchen auf dem Weg zur Buchhandlung liegt. Dabei bin ich mitten in einen Drogendeal geraten und habe die Leute unabsichtlich belauscht. Als ich dann um die Ecke geschaut habe, habe ich das Mädchen erkannt, das die Drogen kaufen wollte – es war die Tochter von dem Leiter unseres Dezernats. Und jetzt habe ich keine Ahnung, ob und wie ich es ihm erzählen soll. Einerseits will ich nicht wie eine Petze dastehen und die Frage wäre ja auch, ob Mahler mir überhaupt glaubt und andererseits weiß ich doch, dass er Probleme mit seiner Tochter hat und da wäre es meiner Meinung nach unfair, wenn man ihn im Dunkeln lässt."

Jetzt war es raus und für den Moment fühlte Tom sich besser. Pauline hatte aufmerksam zugehört und kaute jetzt nachdenklich auf ihrer Unterlippe.

„Schwierig, gebe ich zu", sagte sie. „Aber ich finde schon, dass du das offene Gespräch mit eurem Dezernatsleiter suchen solltest. Es ist ja auch keine Kleinigkeit, wenn dieses Mädchen wirklich Drogen nimmt. Und wenn hinterher was Schlimmes passiert, willst du doch nicht Mitschuld sein", gab sie zu bedenken.

„So habe ich das noch gar nicht gesehen", sagte Tom. „Ich rufe Robert an und frage ihn, wie ich am besten mit Mahler rede."

Pauline vertiefte sich wieder in ihr Buch, während Tom in die Küche ging, um zu telefonieren.

Westerwald. Maria Köhler saß im gemütlich eingerichteten Wohnzimmer des Einfamilienhauses, das für sie seit dem Tod ihres Mannes leer und kalt wirkte. Einzig Schäferhund Rocky, der ihr zu Hause und auch bei den Spaziergängen nicht mehr von der Seite wich, gab ihr noch Halt. Einige Kollegen von Johannes hatten sie in den letzten Tagen angerufen, zwei waren sogar zu Besuch gewesen. Sie hatte sich über die Besuche gefreut und war trotzdem froh gewesen, wieder allein zu sein, nachdem die Kollegen gegangen waren. Es war eine ständige Zerrissenheit in ihr – Angst vor dem Alleinsein auf der einen Seite und der Wunsch nach der Einsamkeit, in die sie sich verkriechen konnte, auf der anderen. Sie wusste nicht, wie es weitergehen sollte und doch lebte sie einfach einen Tag nach dem anderen in ihrem gewohnten Rhythmus.

Ihr graute vor der Beerdigung, die am Freitag stattfinden sollte. Wäre er krank gewesen oder hätte einen Unfall gehabt, dann hätte sie es irgendwie noch als Schicksal akzeptieren können, aber so war sein Tod so sinnlos und nicht zu verstehen. Ob es ihr besser gehen würde, wenn sie wüsste, wer ihn getötet hatte? Oder warum? Sie wusste es nicht und es änderte auch nichts. Er war nicht mehr da und er würde auch nie wiederkommen.

Ihr Blick fiel auf seinen Schreibtisch, der in der Ecke des Wohnzimmers unter dem Fenster stand. Alle Papiere lagen noch genauso neben dem zugeklappten Laptop, wie er sie dorthin gelegt hatte, bevor er zu seinem letzten Spaziergang mit Rocky aufgebrochen war – ein Spaziergang ohne Wiederkehr. In den nächsten Tagen würde sie die Papiere durchsehen müssen; vielleicht war ja etwas Wichtiges dabei – auch wenn für sie nichts mehr wichtig sein konnte. In den letzten Tagen hatte sie sich schon mehrfach Gedanken darüber gemacht, ob sie in diesem Haus bleiben wollte. Das Haus war ihr gemeinsamer Traum gewesen, den sie sich verwirklicht hatten und jedes Bild, jedes Möbelstück erinnerte sie daran, wie glücklich sie hier zusammen gewesen waren. Sie wusste nicht, ob sie diese Erinnerungen auf Dauer aushalten würde. Andererseits war dieses Haus das einzige, was ihr von ihm geblieben war. Vielleicht sollte sie nach der Beerdigung am Freitag einfach den Hund nehmen und für ein paar Tage wegfahren – ans Meer, wo sie lange Spaziergänge machen konnte und den Kopf vielleicht ein bisschen frei bekam.

03. Juli 2019 – Mittwoch, 07:20 Uhr

Koblenz. Tom nahm die leichte Sommerjacke vom Haken neben der Tür und steckte die Schlüssel in die Tasche seiner Jeans. Er hatte eine Entscheidung getroffen und seitdem ging es ihm besser. Bei der ersten sich bietenden Gelegenheit würde er Stefan Mahler um ein Gespräch unter vier Augen bitten und ihm erzählen, was er an der alten Stadtmauer gesehen und gehört hatte. Der Mann war immer anständig und er verdiente es, nicht im Dunkeln über die Probleme seiner Tochter gelassen zu werden.

„Ich bin dann jetzt weg", rief er noch in Richtung des Badezimmers, in dem Pauline sich gerade für den Tag fertigmachte. Sie fing später an als er und insbesondere heute wollte er etwas früher auf dem Präsidium sein. Er hoffte, so die Gelegenheit zu bekommen, mit Stefan Mahler noch vor Dienstbeginn unter vier Augen sprechen zu können.

Zu Fuß benötigte er etwa zwanzig Minuten für den Weg, die Sonne war schon lange aufgegangen und es versprach, ein heißer Tag zu werden. Auf dem Weg überlegte er sich, wie er das Gespräch mit Stefan Mahler am besten beginnen sollte. Er konnte ja schließlich schlecht direkt mit der Tür ins Haus fallen und seinem Chef sagen: Guten Morgen, ich habe ihre Tochter dabei beobachtet, wie sie sich illegal Drogen beschafft hat und sie dabei auch direkt fotografiert.

Er betrat das Präsidium und lief die Treppe in den zweiten Stock. Den Aufzug benutzte er in dem alten Gebäude nicht, wenn er es vermeiden konnte, denn er traute dem veralteten Gefährt nicht über den Weg.

„Guten Morgen!" Tom öffnete die Tür zum Büro, aber die Kollegen Jörgens und Weber waren noch nicht da. Tom ging zum Sideboard, wo die Kaffeemaschine stand, und stellte die erste Kanne an. ‚Praktikantenarbeit', dachte er, während er das Wasser einfüllte, aber das machte ihm absolut nichts aus. Er sah es nicht als abwertende Tätigkeit, sondern lediglich als Gefälligkeit gegenüber seinen Kollegen.

Als das Wasser durch den Filter zu laufen begann, erfüllte der Duft von frischem Kaffee den Raum. Tom wappnete sich und klopfte an die Tür von Stefan Mahler, die nur angelehnt war.

„Komm ruhig rein", ertönte es von drinnen.

„Guten Morgen, möchten Sie einen Kaffee?" Tom drückte die Tür auf und trat ein.

„Sehr gerne, schwarz mit Zucker", antwortete Mahler, der tiefe Ränder um die Augen hatte und aussah, als hätte er tagelang nicht geschlafen.

Tom holte die Tasse und reichte sie seinem Vorgesetzten über den Tisch.

„Herr Mahler", begann er vorsichtig, „es gibt da etwas, über das ich gerne mit Ihnen reden würde."

Stefan Mahler blickte interessiert auf. „Wo drückt der Schuh denn? Kann ich dir vielleicht helfen?"

Tom suchte nach den richtigen Worten. „Es geht nicht um mich, es gibt da etwas, das ich zufällig beobachtet habe."

„Na dann raus mit der Sprache", ermunterte sein Gegenüber ihn. „So schlimm wird es schon nicht sein."

„Als ich letztens nach Feierabend durch die Fußgängerzone nach Hause gegangen bin, um bei reuffel noch ein Buch abzuholen, bin ich mal durch die kleine Gasse an der alten Stadtmauer gelaufen, weil ich das Gebäude interessant fand", begann Tom zu erzählen.

Als hätte er eine Ahnung, was als nächstes kommen würde, verdüsterte sich die Miene von Stefan Mahler.

„Zufällig habe ich dort ein Mädchen gesehen, das Drogen kaufen wollte..." Tom wusste nicht so recht, wie er die Situation weiter erklären sollte, doch Mahler kam ihm zuvor. „Und das Mädchen war meine Tochter, das wolltest du mir damit sagen?", vollendete der Mann Toms angefangenen Satz.

Der nickte erleichtert. „Ja, aber ich wusste nicht so recht, wie ich es Ihnen sagen sollte oder ob ich mich überhaupt einmischen sollte, schließlich geht mich ihr Privatleben ja nichts an."

Mahler betrachtete seinen Praktikanten interessiert. ‚Ein sehr reifer und verständiger junger Mann', ging es ihm durch den Kopf.

„Es war genau richtig, dass du damit zu mir gekommen bist", sagte er und versuchte, Tom ein Lächeln zu schenken, was allerdings recht gequält ausfiel. „Ich habe schon seit längerem vermutet, dass meine Tochter in die falschen Kreise geraten ist, aber ich konnte nichts unternehmen, weil sie einfach nicht mehr mit uns redet."

Tom zog sein Handy aus der Tasche, öffnete die Galerie und schob Mahler das Gerät mit dem Foto über den Tisch. „Das habe ich gemacht, vielleicht nutzt es Ihnen ja etwas."

Mahler übertrug die Datei auf seinen PC und gab Tom das Telefon zurück. „Vielen Dank, du hast mir eine Menge geholfen. Darf ich dich nur um eins bitten?"

„Von mir erfährt niemand etwas", versprach Tom, der sich vorstellen konnte, wie schwer es für seinen Vorgesetzten war, wenn ausgerechnet die Tochter eines Kriminalbeamten mit illegalen Drogengeschäften in Verbindung gebracht wurde.

Mahler nickte ihm anerkennend zu. Weiterer Worte bedurfte es nicht.

05. Juli 2018 – Freitag, 11:00 Uhr

Westerwald. Heute war der Tag der Beerdigung, der Termin, den sie bereits seit Tagen gefürchtet hatte. Sie hatte die ganze Nacht kaum ein Auge zugetan. Schließlich hatte sie ihren Widerstand aufgegeben und Rocky, der früher immer nur neben dem Bett auf Boden schlafen durfte, hatte sich auf ihre Aufforderung hin neben ihr auf dem Bett zusammengerollt. Mit einer Hand tief in sein weiches Fell vergraben war sie irgendwann erschöpft in einen unruhigen Dämmerschlaf gefallen.

Jetzt stand sie in einer schwarzen Jeans und einer schwarzen Bluse vor der Leichenhalle und starrte ins Leere. Die Trauerfeier mit der anschließenden Beisetzung sollte jeden Moment beginnen, die meisten Gäste hatten schon Platz genommen, doch wie im Vorfeld mit dem Pfarrer besprochen, war sie extra spät gekommen, um die Halle als letzte zu betreten. Ihr war speiübel und sie hatte zum Frühstück nichts herunterbekommen. Allein der Geruch von ihrem Kaffee hatte ihr Übelkeit verursacht, also hatte sie sich einen Kamillentee gemacht, doch auch der rumorte immer noch in ihrem Magen.

Die Kirchturmglocke neben der Leichenhalle schlug elf Uhr, sie straffte ihre Schultern und ging auf die Tür der Leichenhalle zu. Als sie eintrat, ließ sie ihren Blick kurz durch den Raum schweifen, der bis auf den letzten Platz besetzt war. Sie sah einige Kollegen von Johannes, die sie auf diversen Feiern in der Redaktion flüchtig kennengelernt hatte, seine Familie und auch einige ihrer Nachbarn, zu denen sie einen lockeren Kontakt gepflegt hatten. Maria senkte den Blick, um niemanden lange ansehen zu müssen, dann setzte sie sich auf ihren Platz in der ersten Reihe.

Der Pfarrer betrat die Halle, blickte sich kurz um und begrüßte dann alle Anwesenden, bevor er mit seiner Trauerfeier begann. Maria hatte sich fest vorgenommen, Haltung zu bewahren, aber sie konnte nicht anders, als der Pfarrer über Johannes sprach und die Tränen rannen ihr unablässig über die Wangen. Sie hielt sie nicht zurück, wozu auch, dieser Mörder hatte ihr das Liebste in ihrem Leben genommen und das Schlimmste war, dass sie noch nicht einmal wusste, warum.

Der Sarg mit Johannes' Körper wurde in die dunkle feuchte Erde zur letzten Ruhe gebettet, sie warf einen Strauß weißer und roter Rosen aus ihrem eigenen Garten in das Grab hinab und ihre Kehle schnürte sich zu. Am liebsten hätte sie ihre Verzweiflung hinausgeschrien, aber kein Laut wollte herauskommen. „Leb wohl, ich werde dich immer lieben", flüsterte sie tonlos, bevor sie sich zur Seite wandte, und neben dem Grab stehen blieb. Alle Gäste gingen nach und nach an ihr vorbei und sprachen ihr Beileid aus – eine Prozedur, die kein Ende nehmen wollte. Irgendwann endlich war es vorbei und einige Trauergäste trafen sich noch in der kleinen Kneipe ihres Heimatorts, wo sie zum traditionellen Kaffee eingeladen hatte. Johannes hatte Veranstaltungen dieser Art immer gehasst und gemieden wie der Teufel das Weihwasser. Sie sagte ein paar Worte, bedankte sich bei allen für die Unterstützung der letzten Tage und verabschiedete sich zeitig, ohne auch nur in eines der belegten Brötchen oder den Streuselkuchen gebissen zu haben. Wie in Trance wankte sie nach Hause, schloss die Haustür auf und wurde von Rocky in Empfang genommen, der hinter der Haustür auf ihre Rückkehr gewartet hatte. Sie streichelte ihm über den Kopf und er folgte ihr ins Wohnzimmer, wo sie sich auf das Sofa fallen ließ und sich in den Schlaf weinte. Rocky rollte sich auf ihren Füßen zusammen.

08. Juli 2018 – Montag, 16:30 Uhr

Puderbach. Silvia Hansen schloss die Schublade ihres Schreibtisches und fuhr den PC herunter.

„So, ich mach Feierabend für heute", sagte sie zu ihrer Kollegin am Tisch gegenüber. „Ich bin heute Abend noch mit einer Freundin verabredet, wir wollen zusammen etwas essen gehen."

„Oh, na dann wünsche ich euch beiden viel Spaß", erwiderte ihre Kollegin.

„Ich freue mich auch drauf, wir haben uns ewig nicht gesehen", antwortete Silvia Hansen. „Wir waren zusammen in der Schule, aber inzwischen lebt meine Freundin im Norden und deswegen können wir uns leider nicht so oft treffen, wie wir es gerne würden. Jetzt ist sie für ein paar Tage hier, um ihre Eltern zu besuchen, also nutzen wir die Gelegenheit."

Sie stellte ihre gespülte Kaffeetasse auf den Tisch und nahm ihre leichte Sommerjacke von der Lehne ihres Bürostuhls.

„Wir sehen uns dann morgen." Mit diesen Worten verließ sie ihr Büro und trat durch den Eingang auf den Hof der Verbandsgemeindeverwaltung. Die Sonne stand noch hoch am Himmel und Silvia Hansen musste kurz blinzeln. Bei gutem Wetter ging sie die kurze Strecke zur Arbeit immer zu Fuß, sie genoss die frische Luft nach dem Büro.

Einige Meter vom Fußgängerüberweg entfernt stand er mit seinem Wagen und wartete, dass die Frau die Straße betrat. Er hatte sie letzte Woche beobachtet und wusste inzwischen, wann sie Feierabend machte und welchen Weg sie zu Fuß nach Hause nahm. Da, jetzt kam sie aus der Eingangstür, blickte sich kurz um und steuerte dann zielgerichtet auf die Straße zu. Er wappnete sich, legte den Gang ein und als die Frau die Mitte des Fußgängerüberwegs erreicht hatte, gab er Gas. Er sah, wie die Frau sich entsetzt in seine Richtung umdrehte, als sie das Aufheulen des Motors hörte, und versuchte zur Seite zu springen, aber es war zu spät. Er trat das Gaspedal noch weiter durch und nur wenige Bruchteile von Sekunden später hörte er das dumpfe Geräusch, das ein Körper verursachte, wenn er mit einem festen Gegenstand zusammenprallte. Ohne sich ein weiteres Mal umzuschauen, beschleunigte er und fuhr davon.

Bewusstlos und blutend lag Silvia Hansen nach dem Aufprall auf der Straße. Sofort hielt ein Auto an und ein Mann und eine Frau sprangen heraus. Während die Frau mit dem Handy den Notruf absetzte, leistete ihr Partner, so gut es ihm möglich war, Erste Hilfe.

Eva Müller, die Kollegin von Silvia Hansen, hatte das Quietschen der Reifen vor dem Verwaltungsgebäude gehört und rannte sofort nach draußen, um zu sehen, ob sie helfen konnte. Ihr stockte der Atem, als sie erkannte, wer dort in der Mitte der Straße auf dem Fußgängerüberweg lag.

08. Juli 2018 – Montag, 16:45 Uhr

Puderbach. Der Rettungswagen war bereits eingetroffen und die beiden Sanitäter kämpften mit allen ihnen zur Verfügung stehenden Mitteln um das Leben der Frau. Silvia Hansen hatte mit Sicherheit multiple innere Verletzungen und ihre Vitalwerte wurden mit jeder Minute schlechter.

„Ich brauche einen zweiten großen Zugang", wies der Notfallsanitäter seinen Kollegen an, „und lass die Infusion im Schuss reinlaufen, der Druck ist immer noch im Keller."

Er zog die Augenlider der Frau nach oben und leuchtete in die Pupillen. „Noch sind die Pupillen lichtreagibel und isokor, solange sie keinen Hirndruck entwickelt, haben wir eine Chance. Verdammt, wo bleibt der RTH mit dem Notarzt?", fluchte er.

Nur Minuten später war das schlagende Geräusch der Rotorblätter des Christoph 23 aus Koblenz zu hören. Der Helikopter landete oben am Berg auf einer großen Wiese, die Polizei machte sich sofort auf den Weg, die Besatzung abzuholen.

„Was haben wir?", wollte der Notarzt, ein großer, schlanker Bundeswehrarzt mit dunkelbraunen, kurzen Haaren wissen.

„Hochrasanztrauma nach Kollision mit einem Auto", setzte der Kollege ihn knapp in Kenntnis. „Verdacht auf multiple innere Verletzungen, eventuell Milzriss. Erhöhte Abwehrspannung auf der linken Bauchseite, Druck mit 85 zu 60 im Keller, diverse Frakturen an Armen und Beinen, Becken stabil. Pupillen isokor und lichtreagibel, Zugänge liegen Handrücken links und rechts."

„Wir intubieren", entschied der Notarzt. „Dann sehen wir zu, dass wir sie schnellstmöglich stabil genug für den Transport kriegen und nichts wie in die Klinik."

Schon während er sprach, hatte sein Assistent die Intubationstasche aus dem Rucksack genommen und begonnen, alle Instrumente bereitzulegen. „Siebener Tubus, Narkose mit Propofol?", fragte er.

Der Notarzt nickte. „Und zieh mir bitte auch direkt Fetanyl auf."

Er streckte die Hand aus und nahm das Laryngoskop entgegen. „Tubus", verlangte er, nachdem er den Kopf der Frau überstreckt und den Kehlkopfdeckel mit dem Laryngoskop aufgesperrt hatte. Die Intubation klappte problemlos, in der Zwischenzeit hatte die Besatzung des RTW Schaufeltrage und Vakuummatratze vorbereitet, um Silvia Hansen umzulagern.

„So, ab in den RTW und dann zum Heli", wies der Notarzt an. „Du meldest einen Schockraum im BWZK an", sagte er seinem Assistenten.

Nachdem ihre Kollegin zum RTH gebracht worden war, ließ sich Eva Müller auf den Boden sinken. Wie hatte das passieren können? Silvia war immer umsichtig und vorsichtig gewesen.

Silvia Hansen wurde direkt nach der Landung in Koblenz in den OP gebracht. In einer Notoperation wurde ihre Milz entfernt, sie bekam Blutkonserven, die Frakturen wurden gerichtet. Viele weitere kleine Operationen würden noch folgen, aber Silvia Hansen würde überleben.

Die Polizei befragte die umstehenden Zeugen nach dem Hergang des Unfalls.

„Das war kein Unfall, das war Absicht", wusste eine ältere Dame zu berichten, die auf dem Heimweg vom Einkaufen gewesen war.

„Wie kommen Sie denn darauf?", wollte der Polizist wissen und blickte interessiert von seinem Notizblock auf, auf den er gerade die Personalien der Dame geschrieben hatte.

„Das Auto, es war so ein großer, schwarzer Wagen, muss die Frau gesehen haben", beharrte die ältere Frau. „Ganz im Gegenteil, als sie ungefähr in der Mitte der Straße war, hat der Wagen noch einmal beschleunigt und genau auf sie zugehalten."

Der Polizist notierte sich alles ganz genau und ließ sich diese Aussage von zwei weiteren Passanten bestätigen. Auch Eva Müller meldete sich bei den Polizisten und machte einige Angaben zu den Personalien ihrer Kollegin.

„Hat Ihre Kollegin denn Feinde?", hakte der Polizist nach. „Vielleicht einen gewalttätigen Exfreund oder andere Leute, die ihr etwas Böses wollen?"

Eva Müller schüttelte überzeugt den Kopf. „Nein, Silvia ist überall beliebt, sie war noch nie verheiratet und von Beziehungen weiß ich auch nichts. Sie führt ein ganz normales, völlig unauffälliges Leben. Sie kommt immer pünktlich zur Arbeit, ist freundlich zu den Leuten, die hierher ins Bürgerbüro kommen. Ich kenne niemanden hier, der sie nicht mag oder sogar so hassen könnte, dass er ihr etwas antun sollte."

„Was genau ist ihre Aufgabe hier in der Verwaltung?"

„Sie arbeitet mit mir zusammen im Bürgerbüro hier unten direkt im Erdgeschoss. Wir bearbeiten die ganzen Sachen wie Ausweisverlängerungen, Neuanträge oder auch Führungszeugnisse."

„Und da könnte Ihre Kollegin nichts in Erfahrung bringen oder gebracht haben, das jemanden gegen sie aufbringen könnte?"

Eva Müller überlegte kurz, dann schüttelte sie entschieden den Kopf.

„Nein, in unserem Job gibt es absolut nichts Spektakuläres, wir arbeiten hier schon seit Jahren zusammen und es ist noch nie etwas passiert."

Der Polizist nahm sich vor, sich mit diesem Unfall etwas genauer zu beschäftigen. Er stimmte der Aussage der älteren Dame zu, dass das hier kein ordinärer Unfallhergang gewesen war. Da würde noch eine Menge Ermittlungsarbeit auf sie zukommen.

09. Juli 2018 – Dienstag, 08:15 Uhr

Koblenz. Sie steckten mit ihren Ermittlungen im Fall Johannes Köhler in einer Sackgasse. Sie hatten alle möglichen Zeugen befragt und waren auch am vergangenen Freitag auf der Beerdigung des Journalisten gewesen, weil sie gehofft hatten, dass sie eventuell dort jemanden sehen würden, der ihnen weiterhelfen konnte. Jonas Weber hatte gemeinsam mit Tom versteckt hinter einem dicken Baum auf dem Friedhof gestanden und sie hatten mit Hilfe eines Teleobjektives Fotos von allen Trauergästen gemacht. Die Abzüge lagen jetzt auf dem Tisch im Konferenzraum und sie hatten die Bilder nach Gruppen sortiert – Arbeitskollegen, Familie, Nachbarn. Aber es war niemand darunter, der nicht in das ganz normale Raster der Trauergäste passte.

„Hat noch jemand einen Vorschlag, wo wir ansetzen könnten, damit wir endlich diesen Fall zu einem Ende bringen können?", fragte Chef Stefan Mahler mit gerunzelter Stirn. Er nahm einen Stillstand oder Misserfolg bei den Ermittlungen stets als persönliche Niederlage.

Die Kollegen schwiegen und zuckten ratlos die Achseln. Dann ergriff Frank Jörgens das Wort.

„Unser einziger Ansatz ist und bleibt die Verbindung zwischen Johannes Köhler und Hofbauer, die durch das gemeinsame Buch besteht."

„Wie kommst du darauf, dass das etwas miteinander zu tun haben könnte?", hakte Mahler nach.

„Sicher bin ich mir nicht, aber wir haben nichts Anderes, das wir für die Ermittlungen nutzen können. Hofbauer wird offensichtlich bedroht, wenn ich an das denke, was Thomas Brandt gesagt hat, scheint er auch nicht der Beliebteste Ex-Kollege zu sein und Köhler, der das Buch mit ihm geschrieben hat, wird ohne ersichtlichen Grund umgebracht. Für mich liegt die einzig mögliche Lösung in dem Buch."

„Klingt einleuchtend", stimmte der Chef zu. „Ich schlage vor, ihr sucht Hofbauer mal persönlich zu Hause auf und befragt ihn unter dem Vorwand der Drohungen, die gegen ihn ausgesprochen wurden. Ihr könnt ruhig zu dritt fahren, unser Praktikant soll ja schließlich auch etwas lernen in seiner Zeit hier", fügte er mit einem Blick in Toms Richtung hinzu.

Sie machten sich zügig auf den Weg in den Westerwald und es dauerte nicht lange, bis sie das Haus von Kommissar Hofbauer gefunden hatten.

„Schau mal, das Garagentor." Jonas Weber zeigte mit dem Finger auf die verwaschenen Farbreste am Garagentor. Er konnte sich ein Grinsen nicht verkneifen. „Ganz erfolgreich war die Firma ja wohl nicht mit dem Entfernen der Spuren."

09. Juli 2018 – Dienstag, 09:00 Uhr

Westerwald. Hofbauer saß unrasiert und ungeduscht mit einer Tasse Kaffee an seinem Küchentisch, als es an der Haustür läutete.

„Wer will denn morgens um die Zeit schon was?", brummte er ungehalten, erhob sich jedoch und ging mit schlurfenden Schritten zur Tür.

Durch den Spion sah er drei Männer, von denen er keinen kannte. Es schellte ein zweites Mal.

„Ja, ja, nun mal nicht aufdringlich werden." Unwillig riss er die Tür auf und schnauzte seine Besucher an, bevor die sich auch nur vorstellen konnten. „Wenn Sie die Leute schon morgens früh belästigen, dann müssen Sie ja nicht auch noch Sturm klingeln. Was wollen Sie überhaupt von mir?"

„Entschuldigen Sie die frühe Störung", ergriff Frank Jörgens das Wort und hielt Hofbauer seine Marke entgegen, „K11, Koblenz, wir hätten einige Fragen an Sie."

„Mordkommission?", fragte Hofbauer mit hochgezogenen Augenbrauen. „Ich habe niemanden umgebracht und wie Sie unschwer erkennen können, bin ich auch kein Mordopfer. Ich stehe nämlich quicklebendig vor Ihnen."

‚Arroganter Arsch', schoss es Jörgens durch den Kopf, doch er beherrschte sich und fuhr freundlich fort. „Deswegen sind wir nicht hier. Es geht um die Drohungen, die gegen Sie ausgesprochen wurden. Aber vielleicht können wir das auch drinnen in Ruhe klären."

Offensichtlich unwillig trat Hofbauer einen Schritt zurück und öffnete die Tür ein wenig weiter. Seit Renates Auszug und dem Streit mit der Putzfrau war einiges im Haus liegengeblieben. Ihm war erst nach ihrem Auszug bewusst geworden, um wie viele Dinge sie sich immer im Haushalt gekümmert hatte. Aber niemals würde er sie bitten, zu ihm zurückzukommen, so tief würde er nicht sinken. Sollte sie doch sehen, wo sie blieb.

Frank Jörgens trat zuerst ein, Jonas Weber und Tom folgten ihm. Sie schauten sich kurz um, sagten aber nichts zu der offensichtlichen Junggesellenbude.

Widerwillig bot Hofbauer ihnen einen Platz am Esszimmertisch an, nachdem er einen Stapel Papiere achtlos zur Seite geschoben hatte.

„So, jetzt sind wir drin. Was wollen Sie jetzt von mir?", wiederholte er seine Frage ungehalten.

„Es geht, wie wir eben schon gesagt haben, um die Drohungen, die gegen Sie ausgesprochen wurden."

„Das sagten Sie bereits, kommen Sie mal zum Punkt. Was hat die Mordkommission mit dieser Sache zu tun? Es handelt sich um Schmierereien und Sachbeschädigung, das ist nun wirklich nichts fürs K11."

„Das nicht", versuchte Frank Jörgens ein weiteres Mal, die Situation zu erklären, „aber wir sind im Rahmen eines unserer Mordfälle auf Ihren Namen gestoßen und fragen uns natürlich, ob es nicht vielleicht irgendwo einen Zusammenhang geben könnte."

Hofbauers Miene zeigte keine Regung. Lediglich sein linkes Auge zuckte kurz.

„Und deswegen müssen Sie mich persönlich hier heimsuchen? Ein normaler Anruf hätte es wohl nicht getan", brummte der Kommissar im Ruhestand unwillig und tat seine Missbilligung der Arbeitsweise der Kollegen deutlich kund.

Jörgens bemühte sich, ruhig und sachlich zu bleiben, obwohl die Art dieses Ex-Kollegen ihm sehr zuwider war. „Manche Sachen lassen sich eben besser in einem persönlichen Gespräch klären, aber wenn es Ihnen lieber ist, kann ich Sie auch gerne zu einer Befragung vorladen lassen."

Das hatte seine Wirkung nicht verfehlt. Hofbauer bemühte sich um ein Mindestmaß an Freundlichkeit, da er wohl eingesehen hatte, dass ihn seine Art nicht weiterbringen würde.

„Dann fragen Sie, was Sie mich fragen wollten", sagte er. „Ich bin allerdings schon seit Jahren aus dem aktiven Dienst ausgeschieden und habe über aktuelle Mordfälle keine Kenntnis."

„Trotzdem bewegen Sie sich ja immer noch relativ viel in der Öffentlichkeit, wo Sie über Ihre alten Fälle berichten", sagte Jörgens mit einem Blick auf einige Bücher auf dem Tisch, die dort wohl auf ihren Versand an interessierte Leser warteten. „Der Name Johannes Köhler sagt Ihnen doch bestimmt etwas?"

Hofbauer klang betont gleichgültig. „Natürlich. Warum stellen Sie mir solch eine Frage, wenn Sie doch von dem gemeinsamen Buchprojekt wissen?" Er klang zu gleichgültig, schoss es Tom durch den Kopf, der die ganze Situation aus dem Hintergrund beobachtete, denn mit Sicherheit hatte er bereits vom Tod des Journalisten aus der Presse erfahren.

„Johannes Köhler ist tot." Jörgens sprach es aus und ließ die Aussage ohne weiteren Kommentar im Raum stehen.

„Und wie kann ich Ihnen helfen?" Hofbauer klang ungerührt. „Das ist natürlich tragisch, aber ich habe Herrn Köhler seit bestimmt zwei Jahren nicht mehr gesehen."

„Sie beide haben doch ein gemeinsames Buch geschrieben", hakte Jörgens nach. „Und da gab es nach Abschluss des Projektes keine weiteren Treffen oder gemeinsame Veranstaltungen?"

Hofbauer schüttelte den Kopf. „Wozu auch? Das Projekt war abgeschlossen und jeder ist wieder seine eigenen Wege gegangen."

Jörgens beschloss, Hofbauer noch ein wenig weiter in die Enge zu treiben. „Es hat aber doch Lesungen und Berichte über das Buch gegeben. Und da wollte Herr Köhler nicht dabei sein?"

Hofbauer zuckte ungerührt mit den Achseln, zu ungerührt, wie es Jörgens durch den Kopf schoss. „Er hat sich diesbezüglich nie mit mir in

Verbindung gesetzt und die Termine mit dem Buch waren ja hinreichend vorher öffentlich bekannt. Wahrscheinlich hatte Herr Köhler mit seinem Job als Journalist genug zu tun."

„Haben Sie denn gemeinsame Veranstaltungen angeboten?", bohrte der Kommissar weiter nach. Er wurde das Gefühl nicht los, dass er einen wunden Punkt bei dem Kommissar im Ruhestand getroffen hatte.

„Warum sollte ich?", fragte Hofbauer brüsk zurück. „Schließlich war ich ja derjenige, der die beschriebenen Fälle erlebt hat und so konnte ich schließlich viel besser darüber berichten."

„Was passiert denn jetzt mit Herrn Köhlers Anteil der Tantiemen aus dem gemeinsamen Buch?" So schnell gab Jörgens nicht klein bei.

Hofbauer schnaubte unwillig. „Was weiß ich denn? Glauben Sie wirklich, ich bin auf diese Kleckerbeträge aus dem Vertrieb der Bücher angewiesen? Wenn Sie wissen wollen, was jetzt mit Köhlers Tantiemen geschieht, dann fragen Sie doch den Verlag oder seine Ehefrau."

„Können Sie sich vorstellen, dass die Drohungen, die gegen Sie in der letzten Zeit ausgeprochen wurden, etwas mit den Fällen aus dem Buch zu tun haben könnten?" Jörgens hatte noch Fragen auf Lager.

„Wieso soll ich das wissen?", schnappte Hofbauer. „Alle beschriebenen Fälle sind doch Jahre her und aus meiner aktiven Zeit gibt es mit Sicherheit jede Menge Verbrecher, die sich an mir rächen wollen. Wenn ich Ihnen die alle aufzählen wollte, wären wir tagelang beschäftigt. Außerdem kann das wohl kaum meine Aufgabe sein, Ihnen Ihre Ermittlungsarbeit abzunehmen."

Hofbauer war wieder in seine arrogante, abwertende Art verfallen und Jörgens wurde klar, dass er nicht mehr viel mehr von dem Kommissar erfahren würde.

Er bedeutete seinen beiden Kollegen mit einem Kopfnicken, dass sie hier vorerst fertig waren. Tom, der mit aufgeklapptem Notizbuch an einer Ecke des Tisches gesessen und sich fleißig Notizen gemacht hatte, blickte auf und legte den Kugelschreiber zur Seite, als er merkte, dass

Jörgens nicht mehr weitersprach. Er schloss das Notizbuch und schob es gemeinsam mit dem Stift in die Gesäßtasche seiner Jeans.

„Dann vielen Dank für Ihre Zeit, Herr Hofbauer", sagte Jörgens und erhob sich. Seine beiden Kollegen taten es ihm nach. „Wir finden allein raus", fügte Jörgens an, als Hofbauer keine Anstalten machte, sie zu verabschieden oder hinauszubegleiten.

„Puh", sagte Jonas Weber, nachdem sich die Haustür geräuschvoll hinter ihnen geschlossen hatte, „der Herr ist ja ein richtiger Sonnenschein. Also ich an Johannes Köhlers Stelle hätte auch kein Interesse an gemeinsamen Auftritten mit dem gehabt."

„Sehr diplomatisch ausgedrückt", konnte Tom sich einen Kommentar nicht verkneifen.

„Lasst uns zurück nach Koblenz fahren", beschied Jörgens. „Viel hat uns diese Befragung nicht weitergebracht. Da sind wir wohl weiterhin bei den Ermittlungen auf uns selbst gestellt und ich befürchte, wir werden uns noch durch eine Menge Akten wühlen müssen, bevor wir hinter diese verworrene Geschichte kommen."

09. Juli 2018 – Dienstag, 11:15 Uhr

Koblenz. Grelles Licht strahlte von der Ecke und schmerzte in ihren noch geschlossenen Augen. Ein beißender Geruch nach Desinfektionsmittel stach ihr in die Nase und sie hörte das Piepsen unzähliger Geräte um sie herum.

„Wo bin ich?", wollte Silvia Hansen fragen, doch ihre Zunge lag schwer und pelzig wie ein bleierner Fremdkörper in ihrem Mund und sie brachte nur ein Krächzen heraus. Sie versuchte, sich zu erinnern, was passiert war, aber in ihrem Kopf herrschte absolute Leere. Das letzte, woran sie sich erinnern konnte, war, dass sie sich von ihrer Kollegin im Büro verabschiedet hatte. Aber was war danach geschehen?

Vorsichtig öffnete sie die Augen einen kleinen Spalt, doch das Licht verursachte ihr Unbehagen. Also schloss sie ihre Augen wieder und versuchte, ihre Arme und Beine zu bewegen, doch auch die fühlten sich an wie Blei. Ganz langsam zwang sie sich, die Augen wieder zu öffnen und einen Blick in Richtung ihrer Beine zu werfen. Aus dem rechten Bein, das leicht erhöht auf einer Art Schiene zu liegen schien, ragten verschiedene metallene Gegenstände heraus, das linke lag bis zum Oberschenkel in einem dicken Verband eingewickelt auf der Decke. Die Bestandsaufnahme ihres restlichen Körpers ergab einen eingegipsten linken Arm und einen verbundenen rechten Arm, in dessen Handrücken eine Nadel steckte, durch die eine klare Flüssigkeit tropfte. Erschöpft schloss sie die Augen wieder, als sie eine Stimme wahrnahm, die wie durch einen Nebel zu ihr durchdrang.

„Ich glaube, sie wacht auf."

Schritte näherten sich und Silvia Hansen zwang sich, nicht wieder in das warme, dunkle Nichts abzugleiten.

„Frau Hansen", eine Hand fasste sie sanft an der Schulter, „können Sie mich verstehen?"

„Ja", brachte sie ein mühsames Krächzen hervor, „wo bin ich und was ist passiert?"

„Strengen Sie sich nicht an", mahnte die freundliche Krankenschwester. „Sie sind in Koblenz im Bundeswehrzentralkrankenhaus. Sie hatten einen schweren Autounfall und mussten operiert werden, aber Sie haben eine Menge Glück gehabt, dass Sie noch leben."

In Silvia Hansens Kopf kreisten plötzlich Bilder, Erinnerungsfetzen, die immer wieder verschwanden, bevor sie sie richtig greifen konnte. Sie hatte das Büro verlassen und wollte über den Zebrastreifen zu ihrem Auto gehen. Dann war da dieses schwarze Auto gewesen und dann – nur noch Schwärze und Leere.

„Was ist mit meinen Beinen?", fragte sie immer noch mit rauer Stimme.

„Sie sind gebrochen. Es wird eine Weile dauern, aber Sie werden wieder laufen können", beruhigte sie die Schwester.

„Ich habe Durst."

Die Schwester verschwand für einen kurzen Moment aus ihrem noch sehr eingeschränkten Blickfeld, kehrte dann aber mit einer Plastiktasse zurück, deren Schnabel sie vorsichtig an Silvia Hansens trockene Lippen führte. Sie trank gierig das Wasser, doch viel zu schnell verschwand die Tasse wieder.

„Langsam", mahnte die Schwester. „Ich gebe Ihnen gleich noch etwas, aber Sie haben eine schwere Operation hinter sich. Sie dürfen noch nicht zu viel Flüssigkeit auf einmal zu sich nehmen."

„Aber ich habe so einen Durst."

„Das verstehe ich. Sie bekommen Flüssigkeit genug über die Infusion, aber ich gebe Ihnen gleich noch etwas Wasser. Ich hole nur kurz einen Arzt."

Sie verschwand aus dem Raum und Silvia Hansen ließ sich zurück in den Halbschlaf gleiten, aus dem sie jedoch nur wenige Minuten später durch die tiefe, sonore Stimme eines Arztes wieder geweckt wurde.

„Frau Hansen, wie schön, dass Sie wieder wach sind. Wie fühlen Sie sich?"

„Ich weiß nicht so genau", antwortete sie mühsam. „Wie vom Bus überfahren?"

„Naja, Ihren Humor haben Sie ganz offensichtlich nicht verloren", lachte der Arzt. „Das ist doch schon mal etwas. Können Sie sich daran erinnern, was passiert ist?"

Silvia bemühte sich, doch wieder erschienen nur Bildfetzen vor ihrem inneren Auge. Langsam, unendlich langsam, weil er bleischwer schien, schüttelte sie den Kopf.

„Nur an Bruchstücke. Ich hatte Feierabend und habe mich von meiner Kollegin verabschiedet, bevor ich zu meinem Auto gehen wollte. Von diesem Moment an weiß ich nichts mehr, so sehr ich mich auch bemühe."

„Das ist vollkommen normal", beruhigte sie der Arzt. „Unser Körper verschließt die Erinnerung an traumatische Ereignisse, um uns zu schützen. Es kann sein, dass die Erinnerung für immer verschlossen bleibt, es kann aber auch sein, dass Sie sich irgendwann wieder erinnern können."

„Was ist denn nun passiert?" Diese Frage ließ Silvia Hansen keine Ruhe.

„Sie sind auf dem Zebrastreifen vor der Verwaltung von einem Auto angefahren worden, mehr weiß ich auch nicht. Allerdings war die Polizei hier und sie werden auf jeden Fall noch einmal wiederkommen, weil sie mit Ihnen sprechen möchten. Fühlen Sie sich schon gut genug dafür?"

Silvia nickte. „Von mir aus können sie gerne kommen, auch wenn ich ihnen wahrscheinlich nicht viel sagen kann."

09. Juli 2018 – Dienstag, 17:00 Uhr

Hannover. Robert schlug die Tür seines Wagens hinter sich zu und drückte den Knopf auf dem Schlüssel, um das Auto zu verriegeln.

„Ich bin wieder da", rief er, als er durch die Haustür trat, doch es hätte dieser Ankündigung nicht bedurft, denn Wolle hatte seine Ankunft bereits durch freudiges Bellen kundgetan und stand jetzt schwanzwedelnd vor ihm im Flur.

„Oh, du bist ja heute mal richtig früh daheim", sagte Anna erfreut, die aus dem Wohnzimmer in den Flur kam. Sie küsste ihn auf den Mund. „Wie kommt es, dass du schon hier bist? Gönnen die Mörder euch mal eine Atempause?"

„Es sieht so aus und das ist auch gut so", antwortete er und ein Schatten huschte über sein Gesicht.

„Du hast doch etwas." Seiner Frau konnte er nichts vormachen, das sollte er inzwischen wissen. „Ist irgendetwas auf dem Präsidium vorgefallen?"

„Nein", wehrte er ab. „Es ist auch nichts Bestimmtes, es ist nur – ich weiß einfach nicht, wie ich es beschreiben soll."

Sie schaute ihn mit dem ihm so wohlbekannten, durchdringenden Blick ihrer meergrünen Augen an; der Blick, der sich immer so anfühlte, als könne sie direkt in sein Innerstes sehen.

„Also gut", gab er nach. „Es hat einfach immer noch damit zu tun, dass Marina nicht mehr da ist. Winterberger gibt sich wirklich Mühe und er ist auch bei weitem nicht mehr so unausstehlich wie am Anfang", er musste lächeln, als er an seine erste, damals wirklich sehr unschöne Begegnung mit dem Kollegen Dennis Winterberger dachte, „aber er wird Marina niemals ersetzen können und das Arbeiten ist ohne sie einfach nicht mehr das Gleiche – nach so vielen Jahren. So, jetzt ist es raus."

Anna schaute ihn nachdenklich an. „Eigentlich war aber doch klar, dass er Marina nie ersetzen kann. Außerdem ist das Ganze doch immer noch nur eine Übergangslösung."

Robert zog skeptisch die Augenbrauen nach oben. „Ich glaube, dass es genau das nicht sein wird", gab er zu. „Ich glaube, dass Marina so schnell nicht wieder zurück in den Dienst kommen wird. Wenn die zwei Jahre Elternzeit zu Ende sind und die Kleine in den Kindergarten kommt, dann kommt sie bestenfalls in Teilzeit zurück. Und du und ich, wir wissen beide, dass Teilzeit in einer ermittelnden Einheit einfach nicht funktionieren kann. Also wird sie tageweise ins Büro kommen, aber wir werden nicht als Team ermitteln und wer weiß, ob sie nicht irgendwann doch noch ein zweites Kind haben möchte."

„Aber was willst du machen?", fragte Anna, die die Bedenken ihres Mannes sehr gut verstehen konnte und der diese auch nicht völlig unbekannt waren. Sie selbst hatte schon seit einiger Zeit gespürt, dass ihren Mann etwas beschäftigte und sie hatte fast vermutet, dass es mit seiner Kollegin zu tun hatte.

„Ich habe nicht die leiseste Ahnung", antwortete Robert. „Ich weiß nur, dass mir die Arbeit nicht mehr so viel Spaß macht und ich mich auch in den letzten Monaten immer wieder dabei erwischt habe, über einen Tapetenwechsel nachzudenken. Nicht, dass du jetzt denkst, ich würde solch eine Entscheidung einfach ohne dich übers Knie brechen", beeilte er sich, schnell noch hinzuzufügen.

„Das weiß ich doch", lächelte Anna nachsichtig. „Hast du denn schon mal konkret darüber nachgedacht, ob und wie oder überhaupt?"

Robert schüttelte den Kopf. „Nein, und ich habe auch keine Ahnung, ob ich das überhaupt in Angriff nehmen will, beziehungsweise ob wir das überhaupt möchten."

„Apropos Tapetenwechsel, unser Sohn hat mir heute geschrieben und uns für das Wochenende nach Koblenz eingeladen. Die beiden wollen uns die Altstadt zeigen und eine Bootstour auf dem Rhein machen. Hast du Lust?"

„Das fragst du noch? Natürlich habe ich Lust." Roberts Laune besserte sich schlagartig.

„Gut, dann sage ich den beiden jetzt zu, dass wir Freitagabend ankommen und bis Sonntag bleiben – oder vielleicht auch ein paar Tage länger", fügte Anna mit einem Augenzwinkern hinzu.

„Das ist eine gute Idee. Und danach gehen wir eine schöne Runde mit Wolle und machen uns etwas Gutes zu essen."

09. Juli 2018 – Dienstag, 17:30 Uhr

Koblenz. Tom legte das Handy zur Seite.

„Meine Mutter hat gerade angerufen", setzte er Pauline über den Inhalt des Anrufs in Kenntnis, während er Richtung Küche ging. „Die beiden kommen uns dieses Wochenende besuchen und lassen sich von uns die Stadt zeigen."

„Das ist aber schön, da müssen wir uns ein bisschen was einfallen lassen, um den beiden auch wirklich was zu bieten. Ich frage morgen mal meine Kollegen, ob es etwas gibt, was sie auf jeden Fall empfehlen – abgesehen von den üblichen Sehenswürdigkeiten wie Ehrenbreitstein, dem Deutschen Eck und so."

„Gute Idee", stimmte Tom zu. „Ich kümmere mich dann morgen mal um ein Zimmer für die beiden, wo sie auch Wolle mitnehmen dürfen. Wir können sie ja schlecht hier im Wohnzimmer auf einer Luftmatratze campieren lassen."

Pauline musste ob der Vorstellung lachen. „Beschweren würden sie sich wahrscheinlich nicht, aber das muss ja nicht sein."

Westerwald. Hofbauer saß in seinem Wohnzimmer. Auf dem Tisch stand eine Flasche Rotwein, die er bereits über die Hälfte geleert hatte. Das war in den letzten Tagen jeden Abend so gegangen. Seit Renate weg war, war es im Haus viel stiller als sonst und auch wenn er es sich nicht eingestehen wollte, sie fehlte ihm. Vor allem blieb jede Menge Hausarbeit liegen, die sie sonst zwischendurch erledigt hatte. Doch das würde er ihr nicht sagen. Sollte sie doch bleiben, wo der Pfeffer wächst.

Entsprechend schwerfällig waren seine Bewegungen, als er sich vom Sofa hochstemmte und Richtung Bad schlurfte, um sich zu erleichtern. Ein Knirschen vor dem Haus ließ ihn aufhorchen, doch er tat das mit einem Kopfschütteln ab. Bestimmt spielte ihm seine Einbildung einen Streich. Er stieß die Tür zum Bad auf und stand schwankend vor der

Toilette, als er erneut ein Geräusch hörte. Entschlossen klappte er den Deckel der Toilette herunter, schloss den Reißverschluss seiner Jeans und ging in Richtung Haustür. Er riss sie ohne langes Zögern auf und spähte hinaus, doch niemand war zu sehen. Achselzuckend schloss er die Tür wieder und ging zurück ins Wohnzimmer, wo das nächste Glas Rotwein auf ihn wartete.

Er stand zwischen den Bäumen gegenüber von Hofbauers Einfahrt und sah, wie der ehemalige Ermittler die Tür aufriss, aber dann wieder zurück ins Haus ging.

Er atmete tief aus. Gerade noch einmal gutgegangen. Es war schon das zweite Mal, dass diese blöden Kiesel unter dem Fenster ihn beinahe verraten hätten. Er musste besser aufpassen, wenn er den Kommissar weiterhin bespitzeln wollte, um auch das letzte Detail aus seinem Leben herauszufinden, bevor er ihn endgültig vernichtete und ihm endlich heimzahlte, dass er ihm sein Leben gestohlen hatte. Hofbauer sollte leiden, er sollte Angst haben und wenn er ihn irgendwann endgültig in die Ecke getrieben hatte, dann würde er sich zu erkennen geben. Dann sollte Hofbauer sein Gesicht sehen und die Erkenntnis würde ihn treffen wie ein Hammerschlag. Er hatte so lange auf diesen Moment gewartet, jetzt durfte nichts mehr schiefgehen.

09. Juli 2018 – Dienstag, 19:00 Uhr

Koblenz. „Ich bin wieder da!" Mit diesen Worten zog Stefan Mahler die Tür der Wohnung zu, doch niemand antwortete. Er legte den Schlüsselbund automatisiert in die Schale auf der Kommode neben der Tür, zog die Jacke aus und hängte sie achtlos an die Garderobe. Auch in der Küche war niemand, auf dem Tisch standen noch die zwei benutzten Kaffeetassen vom Morgen. Verwundert ließ Mahler sich auf den Hocker an der Küchentheke sinken. Seine Frau ging schon seit Jahren nicht mehr arbeiten, sie hatte für ihre gemeinsame Tochter da sein wollen, da er ja genug für die Familie verdiente.

Er zog sein Handy aus der Tasche und suchte die Nummer seiner Frau aus der Kontaktliste.

„Wo bist du?", fragte er ungeduldig, als seine Frau sich meldete.

„Ich bin in zehn Minuten zu Hause", antwortete sie kurz angebunden. „Und wir müssen dringend reden, sobald ich da bin. Es geht um Sabrina."

Ohne ein weiteres Wort legte sie auf und ließ ihren Mann beunruhigt zu Hause sitzen. Wie ein eingesperrtes Raubtier lief Stefan Mahler durch die Küche. Also gab es wieder Ärger mit Sabrina. Er hatte es ja schon kommen sehen, als der junge Tom Kunz ihm von seiner Beobachtung in der Stadt erzählt hatte. Danach hatte er sich seine Tochter zur Brust genommen und ihr eindringlich ins Gewissen geredet und sie hatte ihm versprochen, sich in Zukunft von diesen dubiosen Freunden fernzuhalten. Offensichtlich hatte sie ihr Versprechen wohl nicht gehalten.

Als er den Schlüssel in der Haustür hörte, sprang er auf. Abwartend blickte er seiner Frau entgegen.

„Und?", konnte er seine Frage nicht länger zurückhalten. „Was ist denn jetzt mit Sabrina? Wo ist sie überhaupt?"

Seine Frau sah furchtbar mitgenommen aus. „Lass uns erst ins Wohnzimmer gehen und uns setzen. Dann erzähle ich dir alles."

Wortlos folgte er ihr ins Wohnzimmer. Ein heißes Brennen machte sich aus seiner Körpermitte breit und er hatte Angst vor dem, was kommen würde. Davor, sich endgültig sein Versagen als Vater eingestehen zu müssen.

Julia Mahler ließ sich aufs Sofa fallen und sah ihren Mann mit einem vorwurfsvollen Blick an.

„Sabrina ist jetzt in einer Klinik und sobald sie entgiftet ist, wird sie in eine Entzugsklinik müssen."

„Was ist denn passiert?", unterbrach er sie.

„Die Polizei hat mich heute Mittag angerufen, sie haben Sabrina auf der Straße vor der Schule aufgegriffen, völlig zugedröhnt. Sie haben irgendwas von Mischintox gesagt und einen Rettungswagen gerufen, der sie ins Krankenhaus gebracht hat. Gleichzeitig haben sie mich verständigt und ich bin dann ins Krankenhaus gefahren. Sie behalten sie jetzt zwei bis drei Tage da und dann soll sie in einen Entzug, wenn wir überhaupt einen Platz dafür bekommen."

„Was hat sie genommen?"

„Das können sie uns erst sagen, wenn die Ergebnisse aus dem Labor morgen früh da sind. Sie meinten, es könnte Liquid Ecstacy und eventuell Crack oder so etwas gewesen sein, aber Genaues konnten sie mir nicht sagen. Sie meinten allerdings im Krankenhaus, dass es recht schwierig werden würde, überhaupt einen Platz in einer Entzugsklinik zu bekommen."

„Darum werde ich mich kümmern", entgegnete Mahler entschlossen. „Ich habe genug Beziehungen und die habe ich bis jetzt noch nicht in Anspruch genommen. Jetzt werde ich wohl den einen oder anderen Gefallen einfordern müssen."

„Ich hoffe, du tust es auch", antwortete seine Frau und ihr Gesichtsausdruck wurde hart. „Es ist wichtig und dieses Mal darf die Arbeit nicht wieder vorgehen."

Mahler fühlte sich elend, als seine Frau ihm einmal mehr sein Versagen als Vater so unverblümt vor die Augen führte. Er musste es dieses Mal hinkriegen, seine Tochter wieder zurück auf den rechten Weg zu bringen und sie vor den bösen Dingen in dieser Welt zu beschützen.

„Wird sie nicht", beeilte er sich, seiner Frau zu versichern. „Dieses Mal geht Sabrina vor, das verspreche ich dir hoch und heilig."

10. Juli 2018 – Mittwoch, 07:30 Uhr

Jonas Weber betrat das Büro. „Guten Morgen", rief er in den Raum, doch niemand antwortete. Verwundert klopfte er an die noch geschlossene Tür seines Vorgesetzten. Mahler war immer vor allen anderen im Büro, spätestens um Viertel nach sieben war er normalerweise da.

Die Tür hinter ihm öffnete sich und Frank Jörgens kam herein.

„Was ist denn hier los?", fragte er seinen Kollegen. „Wo steckt der Boss? Der ist doch sonst immer vor uns da."

Jonas Weber zuckte die Achseln. „Keine Ahnung, ist schon sehr ungewöhnlich, aber er wird sich schon melden."

Tom trat ein. „Guten Morgen."

„Guten Morgen", begrüßten ihn die beiden. „Weißt du, was mit dem Boss ist? Er ist noch nicht da und hat sich auch noch nicht gemeldet."

In Tom keimte eine dunkle Vorahnung, dass es etwas mit Mahlers Tochter zu tun haben könnte, aber das konnte er natürlich nicht sagen. Schließlich hatte er dem Chef sein Wort gegeben.

„Nein, ich weiß nichts, aber er ist ja auch oft genug noch lange nach uns da."

„Du hast Recht." Frank Jörgens, der Mahler auch im Urlaub vertrat, beschloss, erst einmal zu warten, bis der Boss sich meldete. „Wir haben hier genug zu tun, also fangen wir einfach mit unserer Arbeit an. Er wird sich schon bei uns melden."

„Übrigens kommen meine Eltern am Wochenende zu Besuch und bleiben ein paar Tage", verkündete Tom. „Kann mir einer von euch eine brauchbare Unterkunft in der Nähe der Innenstadt vorschlagen, wo die beiden eine Woche mit Hund bleiben können?" Er hatte am Abend zuvor mit seiner Mutter und Robert telefoniert, die sich für Freitagabend angesagt hatten.

Jonas Weber zwinkerte ihm zu. „Eine Pension weiß ich nicht, aber warum nehmen sie nicht einfach eine der hübschen Ferienwohnungen an der Mosel? Die sind nicht teurer als ein Hotel und sie haben Platz und ihre Ruhe."

„Super-Idee, danke dir."

„So, jetzt aber zurück an die Arbeit", beschied Frank Jörgens. „Wir haben immer noch unseren Mordfall aufzuklären. Und mir geht dieser stinkstiefelige Kommissar Hofbauer nicht aus dem Kopf. Glaubt, was ihr wollt, aber ich bin mir sicher, dass mit dem was mächtig faul ist."

„Aber wo sollen wir denn ansetzen?", gab Jonas Weber zu bedenken. „Seine gesamten alten Fälle zu durchforsten, da sind wir den Rest des Jahres beschäftigt. Und ich kann mir auch nicht vorstellen, dass irgendeiner von denen, die er vor Jahren oder Jahrzehnten in den Knast gebracht hat, ausgerechnet jetzt einen Rachefeldzug startet."

„Also hat sonst noch irgendjemand irgendeine brauchbare Idee, wo wir ansetzen können?"

Tom zog die Nase kraus, was er immer tat, wenn er nachdachte. „Und wenn wir uns noch einmal die Bücher dieses Kommissars anschauen? Auch wenn ich es nicht glaube, aber eventuell haben wir doch etwas übersehen, was uns weiterhilft. Schließlich ist dieser Kommissar der einzige Mensch, der den Journalisten nicht leiden konnte. Und wenn der sonst keine Feinde hatte, dann sollten wir eben bei dem einzigen Feind suchen, den wir kennen."

„Was Anderes bleibt uns im Moment nicht", stimmte Jörgens zu. „Jeder schnappt sich jetzt eins von diesen literarischen Kunstwerken und dann suchen wir weiter."

10. Juli 2018 – Mittwoch, 09:00 Uhr

„Guten Morgen, Frau Hansen!" Die Tür zum Krankenzimmer im Bundeswehrzentralkrankenhaus öffnete sich und zwei uniformierte Polizisten traten ein.

„Guten Morgen." Silvia Hansen fühlte sich immer noch schwach, hatte sich aber mit Hilfe der Schwester ein wenig im Bett aufrichten können und sogar etwas Tee mit Zwieback gegessen.

„Wir kommen von der Polizeiinspektion in Straßenhaus und würden Ihnen gerne ein paar Fragen zu Ihrem Unfall vor zwei Tagen stellen. Fühlen Sie sich denn schon wieder gut genug?"

„Fragen Sie ruhig", lächelte Silvia Hansen ein wenig schief. „Ich befürchte nur, ich kann Ihnen nicht viel sagen. Ich erinnere mich leider an fast nichts mehr, was direkt vor dem Unfall passiert ist."

„Erzählen Sie uns einfach alles, an das Sie sich erinnern, auch wenn es Ihnen vielleicht vollkommen unwichtig erscheint. Eventuell ist ja doch etwas dabei, das uns hilft."

Silvia Hansen schloss kurz die Augen und versuchte sich, an die letzten Minuten vor dem Unfall zu erinnern.

„Ich habe um 16:30 Uhr Feierabend gemacht und mich von meiner Kollegin verabschiedet. Wir sind gemeinsam aus dem Verwaltungsgebäude gegangen, Eva ist zum Parkplatz abgebogen und ich wollte über den Zebrastreifen direkt vor dem Gebäude gehen."

„Was ist dann passiert?", fragte der jüngere der beiden Polizisten, der sich eifrig Notizen machte.

„Ich bin mir ganz sicher, dass kein Auto auf der Straße war, als ich am Zebrastreifen geschaut habe. Ich bin dann über den Zebrastreifen gegangen und plötzlich raste von rechts ein dunkler Wagen auf mich zu."

„Wissen Sie zufällig, welche Farbe der Wagen hatte, oder welches Modell es war?", hakte der Polizist nach.

Silvia Hansen dachte angestrengt nach. „Ich bin mir nur sicher, dass es ein dunkler Wagen war – schwarz oder dunkelblau. Und er war groß, so ein SUV."

„Vom Nummernschild haben Sie zufällig nichts gesehen?" In der Stimme des jungen Streifenbeamten schwang eine leise Hoffnung mit.

Auf Silvia Hansens Stirn erschien eine tiefe Falte, als sie angestrengt nachdachte. Dann antwortete sie: „Es waren zwei gleiche Buchstaben – vielleicht WW? Aber beschwören kann ich es nicht."

„Das ist doch schon etwas. Jetzt lassen wir Sie auch wieder in Ruhe, Sie müssen sich noch erholen. Gute Besserung." Der Polizist legte eine Visitenkarte auf den Nachtschrank neben ihrem Bett. „Sollte Ihnen noch etwas einfallen oder Sie irgendwelche Fragen haben, melden Sie sich gerne bei uns."

An der Tür drehte er sich noch einmal um. „Das, was Sie uns gesagt haben, zusammen mit dem, was die Zeugen ausgesagt haben, spricht nicht für einen normalen Unfall. Es sieht leider alles danach aus, als hätte Ihnen jemand bewusst Schaden zufügen wollen. Aus diesem Grund werden wir den Vorgang an die Kriminalpolizei Koblenz weitergeben. Alles Gute Ihnen weiterhin", fügte er mit einem Lächeln hinzu.

Nachdem die Polizisten das Zimmer verlassen hatten, lag Silvia Hansen noch lange im Bett und starrte nachdenklich an die Decke. Wenn dieser Unfall kein Unfall gewesen war, dann hatte es jemand auf sie abgesehen. Jedoch fiel ihr beim besten Willen kein Mensch ein, der sie so hassen könnte, dass er ihren Tod wollte.

10. Juli 2018 – Mittwoch, 10:30 Uhr

Stefan Mahler betrat das Büro. Ein einziger Blick auf seine tief in den Höhlen liegenden, rot geränderten Augen ließ Tom nichts Gutes erahnen.

„Guten Morgen, entschuldigt die Verspätung, es gab noch Einiges zu Hause zu regeln. Gibt es irgendwelche neuen Erkenntnisse im Mordfall?"

Keiner kommentierte das späte Erscheinen oder Mahlers Aussehen. Stattdessen beeilte sich Frank Jörgens, ihrem Vorgesetzten die Idee zu erläutern, sich noch einmal mit den Büchern des Kommissars zu befassen.

„Mir ist aufgefallen, dass es bei drei Büchern drei verschiedene Co-Autoren gibt. Einer der drei wurde ermordet, die anderen sollten wir vielleicht einfach mal befragen", schlug Jonas Weber vor.

„Auch wenn es nur Fischen im Trüben ist, macht einfach mal", stimmte Mahler emotionslos zu. Er wirkte abwesend, so als habe er den Vorschlag gar nicht richtig mitbekommen.

„Selbst wenn es uns nicht sicher zu dem Mörder von Johannes Köhler führt, klären wir möglicherweise die seltsamen Vorkommnisse um diesen selbstherrlichen Kommissar im Ruhestand auf", fügte Tom mit einem Augenzwinkern hinzu.

„Den hast du echt gefressen, oder?", grinste Jonas Weber.

„Ja, habe ich", gab Tom unumwunden zu. „Ich kann solche Typen einfach nicht ausstehen. Halten sich für was Besseres und sind der Meinung, die ganze Welt müsse sich nur um sie drehen. Es gibt garantiert genug Typen, die dem die Pest und alles Mögliche sonst an den Hals wünschen."

„Hast ja Recht, aber je eher wir denjenigen finden, desto eher bleiben uns auch die unerfreulichen Besuche dieses Herrn erspart."

„Auch wieder wahr", Tom hielt sein Buch hoch. „Bei diesem hier war eine gewisse Silvia Hansen die Co-Autorin unseres Kommissars. Ich habe eben mal im Internet gesucht, offenbar war dies das einzige Buch, bei dem sie als Autorin mitgewirkt hat. Eigene Sachen konnte ich sonst nicht von ihr finden. Laut der Angaben im Netz wohnt sie in Puderbach, circa 40 Kilometer von hier."

„Von meinem Buch ist ein gewisser Werner Meierling der Co-Autor", schaltete sich Frank Jörgens ein. „Er lebt in Ransbach-Baumbach und betreibt dort einen kleinen Verlag neben seinem Hauptjob bei einer Maschinenbaufirma. Er hat dieses eine Buch gemeinsam mit Hofbauer veröffentlicht. Ansonsten befinden sich in seinem Programm einige weitere kleine Veröffentlichungen, aber nichts Auffälliges. Also rufen wir bei beiden an und machen für morgen Termine."

Jörgens rief bei Meierling an, den er auch sofort erreichte und vereinbarte mit ihm einen Termin für den folgenden Tag.

„Er hat von zwölf bis dreizehn Uhr Mittagspause, da trifft er sich mit uns in einem Bistro in der Nähe der Firma", teilte er den Kollegen nach dem Telefonat mit. „Das geht wesentlich schneller so, als wenn wir ihn hierher einbestellen und er extra freinehmen muss, um dann nach Koblenz zu kommen. Schließlich wollen wir ja was von ihm. Guck mal, ob du das zeitlich irgendwie mit dem Besuch bei Frau Hansen abstimmen kannst", fügte er an Tom gewandt hinzu.

Tom, der bereits in der Datenbank nach den Kontaktdaten von Silvia Hansen suchte, nickte und machte sich an die Arbeit. Er rief zunächst die Privatnummer an, erreichte jedoch lediglich den Anrufbeantworter.

„Hier steht, dass sie in der Verbandsgemeindeverwaltung in Puderbach arbeitet", sagte er. „Dann versuche ich es einfach mal da."

Er wählte die Nummer der Zentrale, stellte sich kurz vor und bat darum, Frau Hansen einmal kurz sprechen zu dürfen.

„Wir benötigen einige Auskünfte von Frau Hansen in einem Fall. Sie kann uns dort vielleicht einen Hinweis auf den Täter geben", hörten ihn die Kollegen erklären.

Dann herrschte eine Weile Schweigen und die Kollegen sahen, wie Tom ungläubig auf das Telefon starrte.

„Das ist ja schrecklich", sagte er dann. „Vielen Dank für die Auskunft, dann werden wir uns mit den Kollegen der Polizei in Verbindung setzen."

„Jetzt sag nicht, Silvia Hansen ist auch unter mysteriösen Umständen zu Tode gekommen", stieß Jonas Weber hervor. „Los komm schon, raus mit der Sprache – was ist da passiert."

Tom legte das Telefon zur Seite und blickte in die Runde. „Tot ist sie nicht, aber offensichtlich wollte sie irgendjemand tot sehen. Sie ist vor zwei Tagen auf dem Zebrastreifen vor der Verwaltung über den Haufen gefahren worden und wurde schwer verletzt ins Bundeswehrzentralkrankenhaus geflogen. Der Mann am Telefon hat zwar nichts von Mordanschlag gesagt, aber ich finde, das sind doch jetzt ein paar zu viele Zufälle."

„Absolut", die anderen waren der gleichen Meinung.

„Dann rufen wir jetzt die Kollegen aus Straßenhaus an, lassen uns alle Informationen zu dem Umfall geben und versuchen danach, mit Frau Hansen zu sprechen. Hier stinkt irgendwas ganz gewaltig zum Himmel", fügte Frank Jörgens mit grimmiger Miene hinzu.

Sie riefen auf dem Polizeirevier in Straßenhaus an und erfuhren dort, dass die Kollegen nach der Befragung den Fall Silvia Hansen an das zuständige Dezernat für Verkehrsdelikte der Kripo Koblenz weitergegeben hatten.

„Dann haben wir ja alle Informationen schon hier im Haus. Tom und Jonas, ihr geht runter ins Dezernat für Verkehrsdelikte und besorgt uns die Protokolle von dem Unfall, oder was es auch war", trug Jörgens den beiden auf. „Und sobald wir wissen, wo Frau Hansen im Krankenhaus liegt, versuchen wir mit ihr zu reden."

„Schon erledigt." Tom und Jonas waren schon fast an der Tür. Das hier versprach interessant zu werden. Auf jeden Fall gab es endlich wieder etwas zu tun.

Westerwald. Hofbauer tigerte in seinem Wohnzimmer auf und ab wie ein gefangenes Tier in seinem Käfig.

„So ein Mist", fluchte er leise vor sich hin.

Er war sich seiner Sache so sicher gewesen. Jetzt konnte er nur hoffen, dass die Frau entweder nicht überlebte oder sich an nichts mehr erinnern konnte. Jedenfalls musste ihm schnell etwas einfallen, wie er den Schaden an der Front seines SUVs beheben konnte.

In Ransbach-Baumbach gab es eine kleine Werkstatt, ein Schrauber, auf den er bis jetzt immer nur herabgesehen hatte. Der könnte eine Lösung für sein Problem sein.

Hofbauer ging in seine Garage und besah sich den Schaden. Den Frontgrill des Wagens musste er abnehmen, das würde unter Umständen zu viele Fragen aufwerfen. Er fluchte. Er hasste körperliche Arbeit und alles, bei dem er sich die Hände schmutzig machen musste. Vor seiner Tätigkeit bei der Kripo hatte er eine Ausbildung machen und danach in einem Betrieb arbeiten müssen, bevor er als Quereinsteiger bei der Polizei anfangen konnte. Das hatte er schon immer als unter seiner Würde empfunden.

Er suchte ein Paar Arbeitshandschuhe, seine Verflossene Renate hatte doch immer welche für die Gartenarbeit gehabt. In einem der hinteren Regale der Garage fand er ein Paar. Sie waren etwas zu klein, aber sie würden ihren Zweck schon erfüllen.

Er streifte sich die Handschuhe über und machte sich am Stoßfänger seines SUVs zu schaffen, der ziemlich verbeult und an einigen Stellen sogar eingerissen war. Er zog, doch obwohl alles wackelte, löste er sich nicht. Mit Hilfe eines Schraubenziehers, den er in einem alten Werkzeugkasten fand, schaffte er es, die restlichen Verbindungen zu lösen, so dass der beschädigte Frontgrill scheppernd zu Boden krachte. Hofbauer betrachtete ihn kurz und legte ihn dann in eine Ecke ganz hinten in der Garage. Immerhin war er lang genug bei der Kripo gewesen, um zu wissen, dass es eine Menge Gefahren barg, das Auto mit dem zerstörten Kühler in die Werkstatt zu bringen. Jemand könnte unangenehmen Fragen stellen.

Vor der Garage saß er in seinem Auto und hatte beobachtet, wie Hofbauer in der Garage verschwand und das Tor verschloss. Jetzt hatte es gepoltert, danach war wieder Stille eingekehrt. Was hatte der Kerl bloß da zu schaffen? Offensichtlich hatten ihm die Drohungen wohl gehörig Angst eingejagt. Ein zufriedenes Lächeln huschte über sein Gesicht, sein erstes Ziel hatte er erreicht, denn offensichtlich schlief Hofbauer keine Nacht mehr ruhig.

10. Juli 2018 – Mittwoch, 11:30 Uhr

Westerwald. Hofbauer fuhr auf den kleinen Parkplatz vor der Werkstatt in Ransbach-Baumbach. Normalerweise brachte er seinen Wagen immer zu seinem Stamm-Autohaus, aber der unbedeutende Schrauber in seiner kleinen Klitsche würde wohl froh sein, ein paar Euro zu verdienen, und dementsprechend auch keine lästigen Fragen stellen. Er betrat den Geschäftsraum, wo eine etwa 40-jährige Frau an ihrem Computer hinter dem Tresen saß.

„Guten Tag", begrüßte sie ihn höflich. „Wie können wir Ihnen helfen?"

Hofbauer hatte sich eine in seinen Augen glaubwürdige Geschichte zurechtgelegt. „Mir ist gestern Abend im Wald ein Reh in meinen Wagen gelaufen und der Kühlergrill ist abgefallen. Ich möchte, dass Sie einen neuen bestellen und diesen auch direkt hier montieren. Wie lange dauert das?"

„Was für einen Wagen fahren Sie denn?", fragte die Angestellte.

„Einen Volvo XC60, Baujahr 2015 in schwarz", antwortete Hofbauer knapp.

„Haben Sie Ihren Fahrzeugschein dabei?", wollte die Frau wissen.

„Natürlich", kam die ungehaltene Antwort von Hofbauer. Er zog sein Portemonnaie aus der Tasche und legte den Fahrzeugschein auf den Tresen.

Die Angestellte stand auf, nahm das Dokument und sagte: „Ich mache eine Kopie davon, wir bestellen den Kühlergrill und sobald er geliefert ist, rufen wir Sie an. Dann können Sie Ihren Wagen vorbeibringen. Allzu lange sollte die Montage nicht dauern, also können Sie auf Ihren Wagen warten, wenn Sie möchten oder irgendwo etwas trinken gehen in der Zeit."

Hofbauer nickte zustimmend. Dann fiel ihm noch etwas ein. „Wie lange dauert es ungefähr, bis das Ersatzteil geliefert wird?" Schließlich konnte er solange seinen Wagen ja nicht benutzen.

„Circa 3-4 Tage. Wie gesagt, wir rufen Sie an." Die Frau reichte ihm den Fahrzeugschein zusammen mit einem Block über den Tresen. „Wenn Sie bitte noch Ihre Telefonnummer notieren würden."

Hofbauer schrieb seine Festnetznummer auf den Zettel, schob ihn zurück über den Tisch und verließ noch während des ‚Auf Wiedersehen' den Verkaufsraum.

„Komischer Kauz", dachte die Angestellte, setzte dann aber ungerührt ihre Arbeit fort.

Hofbauer fuhr auf direktem Weg wieder nach Hause, setzte das Auto in die Garage und schloss sofort das Garagentor. Den Wagen, der ein Stück weiter am Straßenrand parkte, bemerkte er nicht.

10. Juli 2018 – Mittwoch, 17:45 Uhr

Koblenz. „Ich bin wieder da", rief Tom, als er durch die Wohnungstür kam.

Pauline saß mit hochgelegten Beinen auf der Couch und hatte einen Ordner mit Unterlagen vor sich. Sie war diese Woche auf einer Fortbildung und da Pauline eben Pauline war und somit total ehrgeizig, bereitete sie die Inhalte immer noch einmal nach.

„Was gibt es Neues?", fragte sie und blickte von ihrem Ordner auf.

„Mein Kollege hat mir eine Ferienwohnung empfohlen, wo meine Eltern auch mit Wolle ein paar Tage wohnen können. Muss wohl total schön liegen an der Mosel und ist doch auf jeden Fall besser als eine Pension. Ich telefoniere gleich mal mit den beiden und frage, was sie davon halten. Dann können sie sich das auch direkt reservieren."

Tom zog sein Handy aus der Tasche und erreichte auch direkt seine Mutter. Er erzählte ihr von seiner Idee und gab ihr auch direkt Namen und Kontaktdaten des Vermieters.

„Wir freuen uns auf euch, wenn ihr Freitag kommt", hörte Pauline ihn noch sagen, bevor er auflegte. „Schöne Grüße von meinen Eltern. Sie kümmern sich um das Apartment und sind Freitag gegen Abend hier. Robert will mittags Feierabend machen, ich denke, dann brauchen sie ungefähr vier Stunden. Sollen wir dann abends essen gehen oder hier kochen?"

„Ich weiß nicht, vielleicht wollen deine Eltern lieber hier in Ruhe essen, wenn sie den ganzen Tag unterwegs waren", gab Pauline zu bedenken. „Lass uns doch einen Nudelauflauf oder so etwas vorbereiten. Dann haben wir wenig Arbeit und mehr Zeit mit deinen Eltern."

„Gute Idee", stimmte Tom zu.

„Habt ihr was Neues zu eurem Mordfall rausgefunden? Ich weiß, dass du mir eigentlich nichts sagen darfst, aber ich bin doch so furchtbar neugierig", lachend hob sie die Hände.

„Ich darf dir nichts sagen, aber wir tappen immer noch im Dunkeln. Wir haben heute versucht, die anderen beiden Co-Autoren dieses seltsamen Kommissars zu erreichen, weil unser Mordopfer ja auch ein Buch mit ihm zusammen oder eher für ihn geschrieben hat. Und was glaubst du, die eine Co-Autorin hatte doch einen schweren Unfall und liegt in Koblenz im Krankenhaus. Ich weiß noch nicht, was da los ist, aber für mich sieht das alles nach einem sehr großen Zufall aus."

Pauline kratzte sich nachdenklich am Kopf. „Da muss ich dir Recht geben, das klingt schon alles sehr seltsam. Andererseits wird der Kommissar ja wohl selbst bedroht und wie passt das dann wieder zusammen?"

„Ich habe nicht die leiseste Ahnung." Tom zuckte mit den Achseln. „Wer weiß, vielleicht klärt sich ja morgen etwas auf, wenn wir mit den beiden Co-Autoren sprechen."

Sie gingen früh ins Bett, doch noch lange, bevor er einschlafen konnte, spukten Tom immer wieder Bilder und Gedanken von Hofbauer und seinen Co-Autoren im Kopf herum. Er wurde das Gefühl nicht los, dass er etwas übersehen hatte. Was hatte der Kommissar mit dem Unfall der Angestellten und dem Tod des Journalisten zu tun? Oder was hatte der Mord an dem Journalisten mit dem Unfall der Angestellten zu tun? Oder war alles vielleicht letztendlich nur ein riesengroßer Zufall? Irgendwann, als Pauline längst tief und fest neben ihm atmete, fiel er in einen tiefen Schlaf, aus dem ihn erst der Wecker um sechs Uhr am nächsten Morgen riss.

11. Juli 2018 – Donnerstag, 08:00 Uhr

Koblenz. „Guten Morgen." Als Tom das Büro trat, war Stefan Mahler wieder wie gewohnt an seinem Schreibtisch. Er zögerte einen kurzen Moment, doch entschied sich dann, nichts zu fragen. Er wusste auch nicht, wie er Mahler nach seiner Tochter fragen sollte. Das war einfach nicht passend.

„Tom", hörte er Mahlers Stimme in seinem Rücken, als er sich zu seinem Schreibtisch wandte. „Wolltest du mich etwas fragen?"

Tom drehte sich um. „Ich weiß, es steht mir nicht zu", begann er.

„Doch, es steht dir zu", sagte Mahler. „Schließlich hast du meine Tochter vielleicht vor größerem Schaden bewahrt, weil du mich auf ihre Probleme hingewiesen hast."

Tom fühlte sich ein wenig unbehaglich, als sein Chef diese sehr privaten Dinge ansprach. Doch Mahler fuhr unbeirrt fort.

„Ich musste gestern zu Hause einiges regeln, denn vorgestern ist mein Tochter Sabrina unter Drogen von der Schule in eine Klinik gekommen. Jetzt suche ich einen Platz für den Entzug nach der Entgiftung. Ich darf gar nicht daran denken, was alles hätte passieren können."

Tom hörte die tiefe Verzweiflung in der Stimme des Mannes und er empfand Mitgefühl.

„Meine Eltern kommen uns am Wochenende besuchen. Ich frage mal meinen Vater, genau genommen Stiefvater, ob er noch Kontakte hat, mit denen er Ihnen weiterhelfen kann."

„Danke", sagte Stefan Mahler und es hörte sich absolut authentisch an.

Jörgens und Weber betraten zeitgleich das Büro.

„Guten Morgen, gibt's schon Kaffee?", war Jonas Webers erste Frage.

„Klar", antwortete Mahler und deutete auf die Maschine, wo einer Kanne bereits der verführerische Duft von frisch gebrühtem Kaffee entströmte. Jonas Weber drehte vier Tassen um und verteilte den Kaffee.

„Es geht doch nichts über den ersten Kaffee morgens", sagte er, als er die Tassen an seine Kollegen reichte. „Und ich kann die Menschen nicht verstehen, die dieses edle Gesöff mit Hafer- oder Sojamilch verderben."

Alle mussten lachen.

„Ich schlage vor, wir teilen uns in Zweierteams auf, um die beiden verbliebenen Co-Autoren des Kommissars zu befragen. Jonas und Frank – ihr fahrt nach Ransbach-Baumbach und sprecht mal mit diesem Herrn Meierling. Ich nehme Tom mit ins Krankenhaus. Vielleicht können wir wenigstens einmal kurz mit Frau Hansen sprechen, wenn es ihr gut genug geht", sagte Mahler.

Tom hatte eine dunkle Vorahnung, warum ausgerechnet er heute mit Mahler fahren sollte. Wahrscheinlich wollte er noch kurz im Krankenhaus nach seiner Tochter schauen und da er nun mal der einzige war, der von den Ereignissen der letzten Tage wusste, nahm Mahler ihn mit.

11. Juli 2018 – Donnerstag, 09:00 Uhr

Koblenz. Alle vier machten sich auf den Weg. Jonas und Frank nahmen den Firmenwagen, Mahler fuhr mit Tom in seinem Dienstwagen zum Bundeswehrkrankenhaus. Frau Hansen lag immer noch auf der Überwachungsstation und sie war auch sehr blass, aber es war offensichtlich, dass sie sich wieder besser fühlte.

„Guten Tag, Frau Hansen", begrüßte Mahler sie, als Tom und er von der Schwester ins Zimmer gebracht wurden.

„Aber nicht zu lange, Frau Hansen muss sich noch schonen", ermahnte sie die beiden, bevor sie das Zimmer verließ und die Tür leise hinter sich zuzog.

Silvia Hansen blickte die beiden Besucher fragend an. „Stefan Mahler von der Mordkommission und das ist unser Praktikant und angehender Polizist Tom Kunz", stellte Mahler sich vor.

„Mordkommission?", fragte Frau Hansen. Sie blickte an sich hinunter. „Ich war eigentlich der Meinung, ich wäre noch einmal mit dem Leben davongekommen."

„Ich kann Sie beruhigen, auf mich wirken Sie auch noch sehr lebendig. Wir sind in einem anderen Mordfall hier, aber wir hoffen, dass sie zur Aufklärung beitragen können."

„Fragen Sie, ich helfe Ihnen gerne", lächelte Frau Hansen. „Leider kann ich mich nach wie vor an nicht viele Einzelheiten erinnern. Worum geht es denn?"

„Sie haben doch vor einigen Jahren ein Buch gemeinsam mit einem pensionierten Kommissar, einem gewissen Herrn Hofbauer, veröffentlicht."

Silvia Hansen verzog das Gesicht. „Erinnern Sie mich bloß nicht an diesen Kerl."

„Was war denn mit ihm?" Man konnte die Anspannung in Mahlers Stimme förmlich spüren.

„Sie haben Recht, ich habe dieses Buch mit ihm geschrieben. Ursprünglich hieß es, es solle ein Gemeinschaftsprojekt werden, aber schon während des Schreibens stellte sich für mich immer mehr die Frage, welchen Beitrag – abgesehen von den Ermittlungsakten zu alten, längst abgeschlossenen Fällen – der Herr Kommissar eigentlich leistete", erklärte Silvia Hansen mit einem bitteren Unterton. Für einen kurzen Moment schloss sie die Augen.

Stefan Mahler zwang sich, seine Ungeduld zu zügeln und ließ Silvia Hansen ihre selbstgewählte Pause. Tom kaute nervös auf seinen Fingernägeln. Vielleicht fanden sie hier endlich einen Hinweis, der sie weiterbrachte. Auf jeden Fall bestätigte sich hier ihr Verdacht, dass mit dem sauberen Herrn Kommissar etwas nicht stimmte.

„Was genau ist denn passiert?" Jetzt konnte Stefan Mahler seine Ungeduld doch nicht mehr zügeln.

Silvia Hansen öffnete die Augen wieder und sprach weiter. „Ich hatte mir seine ‚Erzählungen', die er aufgeschrieben hatte, geben lassen und – bitte halten Sie mich jetzt nicht für arrogant – festgestellt, dass seine Formulierungen doch sehr deutliche sprachliche und orthografische Mängel aufwiesen. Da ich aber zugesagt hatte, dieses Projekt mit ihm gemeinsam zu machen und ich ja auch Spaß am Schreiben dieser Geschichten hatte, habe ich eine Geschichte nach der anderen überarbeitet und in eine, wie ich fand, lesbare Form gebracht. Natürlich schickte ich Herrn Hofbauer nach jedem Kapitel den aktuellen Stand, so wie es sich für ein Gemeinschaftsprojekt gehört, erhielt allerdings kaum eine Rückmeldung. Seine einzige Sorge war, ob das Projekt auch zum geplanten Termin fertig würde. Zu diesem Zeitpunkt verstand ich nicht, warum das so wichtig war. Nachdem ich alle Kapitel soweit abgeschlossen hatte, sendete ich das gesamte Manuskript zum Lektorat an den Verlag. Einen Verlag zu finden, hatte ich Herrn Hofbauer überlassen, da er in meinen Augen über mehr Popularität und die besseren Kontakte verfügte."

„Warum wurde denn das Buch nicht mit dem gleichen Co-Autor, also Herrn Köhler, veröffentlicht wie das erste Buch?", wollte Mahler wissen.

„Das hatte ich Herrn Hofbauer auch gefragt, als er mit dem Vorschlag für das Projekt an mich herangetreten war. Er sagte mir, sein bisheriger Co-Autor habe aus beruflichen Gründen keine Zeit mehr für ein weiteres Projekt. Das klang für mich plausibel, also habe ich auch nicht weiter nachgefragt."

„Wie ging es dann weiter?"

„Nachdem ich das Manuskript eingereicht hatte, fragte ich Herrn Hofbauer, ob er denn schon Veranstaltungen für uns beide mit dem Buch geplant habe. Er meinte, das sei noch zu früh. Da ich überhaupt keine Erfahrung mit solchen Projekten hatte, war auch das meiner Meinung nach nicht ungewöhnlich. Die überarbeitete Fassung kam dann aus dem Lektorat mit der Bitte um Prüfung und Freigabe durch die Autoren. Ich bat Hofbauer, das Lektorat zu überarbeiten, da ich ja die Texte weitestgehend formuliert hatte. Er antwortete, dazu habe er keine Zeit und ich solle das übernehmen. Entsprechend übernahm ich die Änderungen und sendete alles zurück an den Verlag. Dann wartete ich auf die ersten Exemplare. Ich war natürlich gespannt, aufgeregt und ein wenig stolz, denn schließlich war das ja mein erstes offizielles Buchprojekt. Irgendwann erhielt ich die Ankündigung des Verlages, das Buch erscheine am 15.09. und sei dann überall im Handel erhältlich. Ich zeigte meinen Freunden natürlich diese Ankündigung und fiel aus allen Wolken, als eine gute Bekannte mich fragte, warum ich denn dann bei den Lesungen mit dem Buch nicht dabei sei."

Mahler und Tom horchten auf. Etwas ganz Ähnliches hatte die Witwe von Johannes Köhler doch auch erwähnt.

„Haben Sie Herrn Hofbauer daraufhin zur Rede gestellt?", fragte Stefan Mahler.

„Natürlich habe ich das, denn ich war stolz auf das, was ich dazu beigetragen hatte. Da zeigte Herr Hofbauer sein wahres Gesicht. Er sagte, die Leute wollten nur ihn sehen, denn er habe ja schließlich die Geschichten auch erlebt und könne sie entsprechend natürlich auch als Einziger erzählen. Ich wies ihn darauf hin, dass ich immerhin den Großteil der Texte formuliert und geschrieben hatte und im Verlagsvertrag als gleichberechtigte Autorin mit 50% aufgeführt war. Da bedrohte er mich und sagte, ich solle es ruhig wagen, mich in seine Termine einzumischen oder dort aufzutauchen, dann würde ich es bereuen."

Man konnte sehen, wie in Stefan Mahler die Wut hochkochte. Wenn es etwas gab, was er auf den Tod nicht ausstehen konnte, war es Ungerechtigkeit. „Und was ist dann passiert?"

Silvia Hansen wirkte resigniert. „Ich habe nichts gemacht, was hätte ich auch tun sollen. Der feine Herr Hofbauer hat das gemeinsame Projekt bei den Veranstaltungen als sein eigenes verkauft."

„Aber Sie haben doch die Tantiemen aus dem Verkauf der Bücher erhalten?"

Jetzt schwang Bitterkeit in Silvia Hansens Antwort mit. „Wo denken Sie hin? Die meisten Bücher hat er vorher vom Verlag zum Autorenpreis – also so eine Art Selbstkostenpreis – erworben und dann bei den Lesungen auf eigene Rechnung verkauft. Von den wenigen über den Handel verkauften Büchern habe ich natürlich ein paar Euro Tantiemen bekommen. Aber das war nicht der Rede wert und ich wollte irgendwann einfach mit der ganzen Geschichte abschließen. Also habe ich die Schreiberei an den Nagel gehängt und beschlossen, mich nicht mehr über den Kerl und sein Verhalten zu ärgern."

Silvia Hansen blickte die beiden Männer an, die an ihrem Bett standen. „Aber jetzt möchte ich Sie auch etwas fragen."

„Natürlich, schießen Sie los."

„Was hat diese ganze leidige Geschichte um Herrn Hofbauer mit meinem Unfall und der Mordkommission zu tun? Ich bin jedenfalls der Meinung, dass ich noch unter den Lebenden weile." Sie grinste noch ein wenig schmerzverzerrt.

„Ein anderer Co-Autor von Herrn Hofbauer wurde ermordet, Herr Hofbauer wird aktuell anonym bedroht und ihr Unfall sah für die Kollegen von der Streifenpolizei nicht wie ein Unfall aus, sondern eher wie ein Anschlag. Jetzt stellen wir uns natürlich die Frage, wie das alles zusammenhängt und ob die Buchprojekte irgendetwas damit zu tun haben."

„Was sollten die Bücher damit zu tun haben? Das ist ja alles schon einige Jahre her", wollte Silvia Hansen wissen.

„Wir wissen es auch noch nicht. Unsere erste Vermutung war, dass eventuell einer der in den Geschichten beschriebenen Täter inzwischen aus dem Gefängnis entlassen wurde, sich wiedererkannt hat und jetzt Rache nehmen will. Auf jeden Fall danken wir Ihnen für die Zeit, die Sie uns gewidmet haben und lassen Sie jetzt erstmal wieder in Ruhe. Gute Besserung und sollten wir etwas erfahren, informieren wir Sie natürlich."

Sie verabschiedeten sich und verließen das Zimmer. Draußen auf dem Gang kam die Schwester mit einem strafenden Blick auf sie zu. „Das verstehen Sie unter nicht lange", sagte sie strafend. „Frau Hansen hat einen schweren Unfall und eine schwere Operation hinter sich. Sie braucht noch Ruhe."

„Es tut uns leid", gab Stefan Mahler zerknirscht zu und schenkte der Schwester ein entschuldigendes Lächeln.

Vor dem Krankenhaus blieb Mahler stehen und drehte sich zu Tom um. „Stört es dich, wenn wir noch an der Kinderklinik anhalten? Ich würde gerne noch nach Sabrina sehen."

„Natürlich nicht", nickte Tom. Mahler tat ihm leid, er war so anständig und dann passierte ausgerechnet seiner Tochter so etwas.

11. Juli 2018 – Donnerstag, 11:30 Uhr

Westerwald. „Hier muss es sein."

Frank Jörgens und Jonas Weber stellten ihr Fahrzeug vor dem kleinen Bistro in Ransbach-Baumbach ab, in dem sie sich mit Werner Meierling verabredet hatten.

„Wir sind ein wenig zu früh, aber das macht ja nichts. Dann können wir schon etwas trinken und vielleicht auch noch etwas Kleines essen", schlug Frank Jörgens vor, der immer Hunger hatte.

Sie betraten das Bistro, suchten sich einen Tisch in einer etwas abgelegenen Ecke, von dem aus sie den Eingang im Auge behalten konnten.

Eine Kellnerin trat an den Tisch und reichte ihnen zwei kleine Karten. „Darf es schon etwas zu trinken sein?", fragte sie mit einem freundlichen Lächeln.

Die beiden Kommissare tauschten einen kurzen Blick. „Zwei Kaffee, bitte."

Sie schlugen die Karten auf, suchten sich jeder ein frisch belegtes Baguette aus und bestellten, als die Kellnerin die beiden Tassen mit dampfendem Kaffee brachte.

„Auf den Meierling bin ich wirklich mal gespannt", sagte Jonas nachdenklich, als er seinen Kaffee umrührte. „Je nachdem, was die beiden anderen im Krankenhaus herausgefunden haben, ist mit diesem Kommissar Hofbauer wirklich etwas nicht ganz in Ordnung."

„Das mag ja sein", gab Frank Jörgens zu bedenken. „Aber das passt alles nicht so richtig zusammen. Schließlich hat sich Hofbauer ja selbst an die Polizei gewandt, weil er bedroht wird. Gut, er ist ein Stinkstiefel, aber selbst wenn er Schindluder mit seinen Co-Autoren getrieben hat, erklärt das nicht, warum Johannes Köhler ermordet und auf Silvia Hansen ein Anschlag verübt wird, während der Kommissar bedroht wird."

„Das stimmt wohl, allerdings finde ich auch, dass das alles einfach ein paar Zufälle zu viel sind. Warten wir mal ab, was uns dieser Herr Meierling über unseren pensionierten Kommissar zu erzählen hat."

Ein circa 50-jähriger Herr betrat in diesem Moment das Bistro und sah sich suchend um. Frank Jörgens hob die Hand, um sich bemerkbar zu machen. Der Mann trat an ihren Tisch.

„Sie sind Herr Meierling?", fragte Frank Jörgens, erhob sich und streckte die Hand zur Begrüßung aus. „Frank Jörgens und mein Kollege Jonas Weber von der Mordkommission Koblenz."

„Werner Meierling", bestätigte der Mann und nahm auf dem freien Stuhl gegenüber Platz. „Ich bin wirklich gespannt, wie ich Ihnen helfen kann. Worum geht es denn?"

„Wie wir am Telefon ja bereits angedeutet haben, geht es um Kommissar a.D. Hofbauer", begann Frank Jörgens.

Meierling verzog das Gesicht. „Hören Sie mir bloß mit dem auf", knurrte er.

Die beiden Kommissare wurden hellhörig. „Was ist denn mit dem Kommissar? Haben Sie Ärger mit ihm gehabt?"

Der Mann zuckte gleichmütig mit den Schultern. „Ärger ist relativ. Er ist eben bei weitem nicht so edel und integer, wie er sich nach außen präsentiert."

„Hat es mit dem gemeinsamen Buch zu tun?" Jonas Weber konnte seine Neugier nicht mehr länger zügeln.

„Ja, hat es", lächelte Werner Meierling. Es sah ein wenig resigniert aus. „Wie Sie ja sicherlich schon wissen, betreibe ich nebenberuflich neben meinem Job im Maschinenbau in meiner Freizeit noch einen kleinen Verlag. Das ist lediglich ein Hobby, weil mich schon als Kind Bücher und ihre Herstellung fasziniert haben. Zum Bestseller-Autor hat es bei mir nicht gereicht, das habe ich Gott sei Dank schon selbst früh genug erkannt." Er lächelte und fuhr dann fort: „So habe ich einen Brotberuf, wie man das unter Künstlern so schön sagt, der mir ein gutes

Auskommen beschert, und mit Hilfe des Digitaldrucks konnte ich mir meinen Traum von Büchern und Buchherstellung im Keller verwirklichen. In erster Linie drucke ich kleinere Werke von noch unbekannten Autoren hier aus der Region oder verwirkliche Projekte von Kindergärten und Grundschulen."

„Wie ist dann Herr Hofbauer darauf gekommen, Sie wegen einer Zusammenarbeit zu kontaktieren?", fragte Frank Jörgens.

„Wie genau er darauf kam, weiß ich nicht", antwortete Meierling. „Irgendwann bekam ich eine E-Mail von ihm, in der er mir eine Zusammenarbeit für ein Buchprojekt vorschlug. Ich hatte ihn schon ein paar Mal im Lokalfernsehen gesehen und war natürlich stolz, dass er ausgerechnet mit mir zusammen ein Projekt verwirklichen wollte. Er gab mir sein ‚Manuskript' – eine Sammlung von Notizen über seine ehemaligen Fälle. Ich überarbeitete die einzelnen Geschichten zu Kapiteln und bereitete den Druck vor. Der feine Herr Hofbauer hat sich aus der Arbeit vornehm herausgehalten, aber kaum kam das erste Buch aus meiner Druckerei, schnappte er es sich und bewarb überall ‚sein neues Werk'. Ich kam in seiner Planung nicht mehr vor, um ganz ehrlich zu sein, war ich in seiner Planung wohl von Anfang nicht vorgekommen. Er brauchte jemanden, der für ihn schreibt und das Buch druckt und das war es. Na ja, hinterher ist man immer schlauer."

„Waren Sie nicht ärgerlich und haben Hofbauer gedroht, ihn auffliegen zu lassen?", wollte Jonas Weber wissen.

„Natürlich war ich anfangs ziemlich ärgerlich und ich habe ihn auch zur Rede gestellt, aber ihn hat das nicht weiter beeindruckt. Also habe ich mich entschieden, mich nicht weiter über etwas zu ärgern, was ich sowieso nicht ändern konnte und mich weiter meinen Projekten im regionalen Bereich gewidmet. Ja, ganz kurz war wahrscheinlich in mir noch einmal die Hoffnung aufgeflammt, ein richtiger Autor zu sein", gab er mit einem Augenzwinkern zu, „aber die Realität ist nun einmal eine andere. Jetzt habe ich Ihnen die ganze Geschichte erzählt, aber das ist doch alles schon eine ganze Weile her. Was hat die Mordkommission damit zu tun?"

„Es geht um den Mord an einem Journalisten aus dem Westerwald und einen Mordanschlag auf eine Verwaltungsangestellte. Die beiden sind die Co-Autoren der anderen Bücher von Herrn Hofbauer. Gleichzeitig hat Herr Hofbauer sich bei der Polizei gemeldet und angegeben, dass er bedroht wird."

„Und jetzt glauben Sie, ich habe etwas damit zu tun, weil ich allen Grund habe, auf diesen Mistkerl sauer zu sein?", fragte Meierling entgeistert.

„Nein, machen Sie sich keine Sorgen", beruhigte Frank Jörgens ihn. „Wir sind absolut überzeugt, dass Sie nichts damit zu tun haben. Aber wir suchen überall nach Hinweisen und hoffen, dass uns irgendjemand etwas sagen kann, das uns weiterhilft."

„Wenn ich ganz ehrlich bin, dann finde ich es überhaupt nicht schlimm, dass jemand diesem Kerl mal ordentlich Angst einjagt", gab der Mann mit einem Augenzwinkern zu. „Aber ich habe wirklich nichts damit zu tun. Allerdings, glauben Sie, dass ich mir Sorgen machen muss, weil den beiden anderen Co-Autoren etwas zugestoßen ist?"

„Wir wissen es nicht, aber wir würden Sie sicherheitshalber bitten, die Augen aufzuhalten und in der nächsten Zeit vorsichtiger zu sein. Sollte Ihnen irgendetwas seltsam vorkommen, dann zögern Sie bitte nicht und melden Sie sich bei uns", mit diesen Worten schob Frank Jörgens Herrn Meierling seine Visitenkarte über den Tisch. „Vielen Dank für Ihre Offenheit und Ihre Zeit."

Werner Meierling warf einen Blick auf seine Armbanduhr. „Meine Mittagspause ist zu Ende, ich muss zurück. Danke für Ihre Warnung und ich hoffe, dass diese arme Frau sich vollständig von dem Autounfall erholt."

Er erhob sich, reichte den beiden Kommissaren die Hand und verließ das Lokal.

„Unglaublich, was dieser Hofbauer für ein Trümmerfeld mit seinen Buchprojekten hinterlassen hat", bemerkte Jonas Wagner. „Aber überleg mal, wenn der mit seinen Kollegen und eventuell auch manchen Tätern genauso umgegangen ist, dann ist die Liste derer, die ihm die Pest an den Hals wünschen, aber ganz schön lang."

11. Juli 2018 – Donnerstag, 14:00 Uhr

Koblenz. Beide Teams waren wieder im Präsidium eingetroffen und hatten sich gegenseitig auf den aktuellen Stand gebracht.

„Fakt ist", fasste Mahler die beiden Berichte zusammen, „dass es eine Menge Leute geben muss, die Kommissar a.D. Hofbauer nicht gut gesonnen sind. Wir haben uns jetzt mit dreien befasst und allen hat er übel mitgespielt."

„Allerdings erklärt das nicht, wer diesen Herrn Hofbauer bedroht und wer Johannes Köhler getötet hat", wandte Frank Jörgens ein. „Johannes Köhler ist tot, Silvia Hansen liegt im Krankenhaus - die beiden hätten also gar keine Gelegenheit gehabt und Werner Meierling war es garantiert auch nicht. Der Mann ist absolut integer und auch wenn er mit Sicherheit zu Recht sauer auf Hofbauer war, würde er ihn niemals bedrohen. Das kann ich mir einfach nicht vorstellen."

„Und vor allem gäbe es absolut keinen Grund, Johannes Köhler etwas anzutun. Der Mann war ein völlig unbescholtener Journalist", gab Jonas Weber zu bedenken.

Stefan Mahler legte die Stirn in Falten. „Wir drehen uns also nach wie vor im Kreis."

Westerwald. Er stellte den Schuhkarton vor sich auf den Tisch und polsterte ihn mit Papier von den alten Werbeblättchen aus, die regelmäßig im Briefkasten lagen. Vorsichtig, fast sanft legte er das tote Tier hinein, welches er gestern am Fluss gefunden hatte. Als hätte ihm jemand ein Zeichen geben wollen, lag auf einmal eine tote Ratte am Rand. Er war zurück nach Hause gelaufen, hatte eine Plastiktüte geholt und die Ratte eingesammelt. Heute Abend, wenn es dunkel war, würde dieser Schuhkarton vor Hofbauers Tür landen. Der Herr Kommissar würde Augen machen, wenn er morgens das Haus verließ. Ganz kurz beschlich ihn so etwas wie ein schlechtes Gewissen, doch das wischte er im Bruchteil einer Sekunde wieder weg. Wenn es einer verdient hatte, dann dieser Hofbauer. Schließlich hatte er ja nicht nur ihm das Leben versaut. Noch ein letztes Mal schaute er den Karton von allen Seiten an, um sicherzugehen, dass auch niemand die Herkunft des Kartons zu ihm zurückverfolgen konnte. Dann stellte er alles in die Kammer und erledigte alles, was zu Hause noch anlag. So gern würde er wieder ganz normal seinem Beruf als Schlosser und Schweißer nachgehen, aber seit er draußen war, hatte er unendlich viele Bewerbungen geschrieben, als Ex-Knacki aber nur Absagen erhalten. Niemand wollte „einen wie ihn" in seiner Firma haben, auch wenn das selbstverständlich in keiner seiner Absagen so dringestanden hatte.

11. Juli 2018 – Donnerstag, 21:15 Uhr

Westerwald. Vorsichtig nahm er der Schuhkarton unter den Arm und stellte ihn ins Auto. Eigentlich war es noch zu hell, um sich in die Nähe von Hofbauers Haus zu wagen, aber wann immer er das Haus des ehemaligen Kommissars in der letzten Zeit beobachtet hatte, hatte Hofbauer schon nachmittags angefangen zu trinken, spätestens um 21 Uhr war er nach ein bis zwei Flaschen Rotwein sturzgranatenvoll gewesen und meistens auf der Couch vor dem Fernseher eingeschlafen. Es war ein bisschen unvorsichtig, denn schließlich saßen vielleicht auch noch Nachbarn abends um diese Zeit im Sommer draußen, aber er würde das Auto etwas abseits parken und von hinten an das Haus gehen.

Nur wenige Minuten später stellte er seinen Wagen in einer kleinen Nebenstraße ab, nahm seinen Schuhkarton und drückte die Autotür so leise wie möglich zu. Er schaute sich um, es war niemand zu sehen und überall herrschte Stille. Leise schlich er von hinten an das Haus von Hofbauer heran. Vorsichtig warf er einen Blick durch das große Wohnzimmerfenster, ein Lächeln machte sich auf seinem Gesicht breit. Es war genauso, wie er es erwartet hatte. Hofbauer lag auf dem Rücken auf der Couch und schnarchte mit offenem Mund. Neben ihm auf dem niedrigen Wohnzimmertisch standen eine leere und eine angefangene Flasche Rotwein. Er zuckte ungerührt mit den Schultern. Sollte er sich eben zu Tode saufen, das würde bestimmt nicht vielen Leuten leidtun. Er schlich weiter um das Haus herum und wollte den Karton gerade auf die Fußmatte mit dem Schriftzug „Herzlich Willkommen" abstellen, als er etwas Weiches unter seinem Fuß spürte. Er stellte den Karton ab und tastete dann vorsichtig nach dem Gegenstand unter seiner Sohle. Es handelte sich um ein Stück abgebrochenes Plastik. Er hatte absolut keine Ahnung, wovon es war, aber er steckte es einer inneren Eingebung folgend ein. Zu Hause würde er es sich einmal genau anschauen.

12. Juli 2018 – Freitag, 08:15 Uhr

Tom betrat das Präsidium. Er freute sich auf den Tag, heute Nachmittag würden seine Eltern eintreffen und sie hatten sich in der nächsten Woche noch ein paar Tage frei genommen, um sich Koblenz anzuschauen, ein paar gemeinsame Tage zu genießen, und natürlich wollte Robert seinen Adoptivsohn mindestens einen Tag aufs Präsidium zu begleiten.

„Morgen Chef", begrüßte er Stefan Mahler, der wie immer schon hinter seinem Schreibtisch saß und den PC hochgefahren hatte.

„Guten Morgen, Tom." Der Dezernatsleiter sah besser aus als in den letzten beiden Tagen. Er hatte gestern erfahren, dass seine Tochter nach der Entlassung aus der Klinik direkt im Anschluss einen Platz in einer Entzugsklinik bekommen würde. Ihm war ein Stein vom Herzen gefallen, seine Frau hatte sich beruhigt und die ganze Stimmung zu Hause war wieder deutlich entspannter.

„Meine Eltern kommen heute Nachmittag für ein paar Tage nach Koblenz", begann Tom, der nicht so richtig wusste, wie er anfangen sollte.

„Da möchtest du bestimmt ein bisschen früher weg, um sie zu empfangen", sagte Mahler und zwinkerte ihm zu.

„Nein, das war es gar nicht, was ich fragen wollte", klärte Tom das offensichtliche Missverständnis auf. „Meine Eltern fahren erst heute Mittag in Hannover los, also vor heute Abend sind sie gar nicht da. Allerdings bleiben sie einige Tage und mein Vater, genau genommen mein Adoptivvater, möchte mich gerne einen Tag hier ins Präsidium begleiten. Er ist Kriminalkommissar bei der Mordkommission in Hannover", beeilte er sich, zu ergänzen. „Wäre das für Sie in Ordnung?"

„Natürlich, ich bin sehr gespannt auf deinen Vater und freue mich sehr über einen Austausch mit ihm. So oft hat man ja nicht die Gelegenheit, mit Kollegen aus anderen Revieren über die Arbeit zu sprechen."

Tom war sehr erleichtert, wusste er doch, wie interessiert auch Robert an einem Austausch war.

„Also richte deinem Vater aus, dass ich mich sehr freue, wenn er uns am Montag hier besucht", sagte Mahler, „vorausgesetzt, ich kriege keinen Ärger mit deiner Mutter, weil er seine freien Tage in einem fremden Kommissariat verbringt."

Tom musste lachen. „Machen Sie sich keine Sorgen, meine Mutter ist Kummer gewohnt."

Stefan Mahler erwiderte sein Lächeln, doch es wirkte ein wenig bitter. „Das ist wohl das Schicksal jeder Frau, die einen Polizisten, Feuerwehrmann oder jemandem aus dem Rettungsdienst heiratet. Es gibt keinen geregelten Feierabend, keine Feiertage und keine Wochenenden."

„Nach dem Desaster in ihrer ersten Ehe mit meinem Erzeuger ist das ihr kleinstes Problem", gab Tom unumwunden zu. „Robert ist, auch wenn er durch seinen Job oft eingespannt ist und häufig nicht zu Hause sein kann, trotzdem immer für die Familie da und das ist das, was zählt."

Mahler sah seinen jungen Praktikanten nachdenklich an. „Manchmal kann ich mir kaum vorstellen, dass du nur wenig älter bist als meine eigene Tochter. Du wirkst manchmal so reif."

„Vielleicht macht es das mit einem, wenn nicht immer alles in der Kindheit glatt läuft." Tom wirkte nicht verletzt, sondern eher gleichmütig. „Was nützt es, im Nachhinein über Vergangenes zu jammern und sich zu überlegen, was besser gewesen wäre? Es ist doch sowieso nicht zu ändern, also sollte man einfach immer nach vorne schauen." Er lachte. „Ich weiß, hört sich bisschen klugscheißerisch an."

„Aber es ist die Wahrheit."

Die Tür öffnete sich und Jonas Weber kam dicht gefolgt von Frank Jörgens herein. „Guten Morgen allerseits, wie stehen die Aktien?"

„Wir haben eine Menge Informationen gesammelt", sagte Mahler, „aber so richtig bringt uns das nicht voran. Ich habe gestern Abend noch mit der Station im Krankenhaus telefoniert und angeordnet, dass keine Besucher zu Frau Hansen vorgelassen werden, die sich nicht anmelden und ausweisen. Wenn das nämlich kein Unfall war, und danach sieht es derzeit ja aus, dann könnte der Täter noch einmal versuchen, sie aus dem Weg zu räumen."

„Sollten wir versuchen, einen Zeugenaufruf in der Zeitung zu starten?", schlug Jonas Weber vor. „Vielleicht hat doch jemand etwas Ungewöhnliches bemerkt oder es erinnert sich jemand im Nachhinein an den Wagen."

„Gute Idee", stimmte Frank Jörgens zu und richtete einen fragenden Blick in Richtung ihres Vorgesetzten, der zustimmend nickte.

„Einen Versuch ist es wert, aber wir sollten nichts davon erwähnen, dass Frau Hansen sich an das dunkle Auto und einen Teil des Nummernschildes erinnert. Denn das würde sie mit Sicherheit in Gefahr bringen", gab Mahler zu bedenken.

„Vielleicht hat der Täter ja noch gar keine Ahnung, dass Frau Hansen seinen Anschlag überlebt hat", warf Jonas Weber ein. „Bis jetzt stand über den Unfall nichts in der Zeitung und wenn er niemanden aus dem Umfeld des Krankenhauses kennt, bei dem er sich erkundigen kann, tappt er noch völlig im Dunkeln. Unter diesen Umständen sollten wir allerdings Frau Hansen auf gar keinen Fall aus den Augen lassen – nicht, dass er sie doch noch endgültig aus dem Weg räumen will."

Auf Frank Jörgens' Gesicht machte sich ein Lächeln breit. „Die Idee hat noch etwas Gutes. Was wäre denn, wenn wir den Täter dadurch aus der Reserve locken würden? Bis jetzt tappen wir überall im Dunkeln, unsere einzige Spur ist Frau Hansen, weil sie den Anschlag überlebt hat. Wenn der Täter jetzt aus der Zeitung erfährt, dass sie noch lebt und wir vielleicht doch in dem Artikel veröffentlichen, dass sie sich möglicherweise an Details erinnert, muss er doch zwangsläufig aus seiner Deckung auftauchen."

Stefan Mahler schien noch nicht hundertprozentig überzeugt. „Dann müssen wir aber mit Frau Hansen vorher über unseren Plan reden. Wir können nicht einfach voraussetzen, dass sie damit einverstanden ist, von uns als Lockvogel missbraucht zu werden."

„Das hört sich jetzt aber ziemlich gemein an", erwiderte Frank Jörgens. „Aber ich gebe dir Recht, wir müssen auf jeden Fall mit Frau Hansen vorher sprechen. Wenn es dir Recht ist, nehme ich Tom mit und wir fahren gleich noch einmal ins Krankenhaus. Wenn Frau Hansen einverstanden ist, setzen wir eine Pressemitteilung für die lokalen Zeitungen auf und ab sofort stehen zwei Beamte Tag und Nacht vor ihrer Tür."

„Gut, dann versuchen wir das", stimmte Mahler zu. „Mit ein bisschen Glück bringt es uns weiter. Wenn der Täter nicht aus der Deckung auftaucht, wissen wir danach jedenfalls, dass er entweder nichts weiter vorhat oder keine Zeitung liest."

Westerwald. Hofbauer öffnete die Augen, als die ersten Sonnenstrahlen durch das Fenster im Wohnzimmer erbarmungsloses Licht auf sein Gesicht fallen ließen. Fluchend drehte er sich zur Seite. Sein Schädel brummte, Nacken und Rücken schmerzten vom Liegen auf der Couch und er fühlte sich grauenvoll. Sein Mund war trocken und als er die noch halb gefüllte Flasche Rotwein auf dem Wohnzimmertisch sah, schüttelte es ihn. Er sollte mit dem Trinken in diesem Ausmaß aufhören, aber der Rotwein verhalf ihm abends immer schnell zum Einschlafen. Auch wenn er es sich nicht eingestehen wollte, Renate fehlte ihm seit dem Auszug und nicht nur, weil er mit dem Haushalt völlig überfordert war.

Langsam setzte er sich auf und rieb sich über das von Bartstoppeln kratzige Gesicht. Er würde sich rasieren und duschen gehen, dann sähe das Leben schon wieder anders aus. Zum Frühstück würde er in ein Café fahren und mal schauen, ob es nicht doch noch Frauen gab, die einen aus dem Fernsehen bekannten Kriminalkommissar interessant fänden.

Mit diesem Gedanken ging er ins Bad, machte sich fertig und kochte sich in der Küche einen starken, schwarzen Kaffee, um seine Lebensgeister wieder zu wecken. Er ging zur Haustür, um sich die Tageszeitung zu holen. Als sein Fuß gegen etwas Festes auf der Fußmatte stieß, schaute er nach unten und entdeckte den Karton. Verwundert hob er ihn auf und nahm ihn mit der Zeitung zusammen mit in die Küche, wo er ihn zunächst ungeachtet auf einen Stuhl stellte. Er goss sich eine große Tasse Kaffee ein und setzte sich mit der Zeitung an den Tisch. Nachdem er die Schlagzeilen überflogen hatte, blätterte er weiter nach hinten, um nach dem Bericht über Silvias Hansens Unfall zu suchen. Er fand ihn, las den Artikel und konnte einen lauten Fluch nicht unterdrücken. Er war sich so sicher gewesen und doch hatte sie den Unfall überlebt. Was, wenn sie sich an etwas erinnerte oder noch schlimmer, sein Kennzeichen erkannt hatte? Es lief ihm eiskalt den Rücken hinunter, jetzt kam er im Krankenhaus garantiert nicht mehr an sie heran. ‚Bleib ruhig‘, ermahnte er sich. ‚Daran kannst du jetzt nichts mehr ändern, wichtig ist, dass niemand die Verbindung zu dir herstellen kann und dass das Auto möglichst schnell repariert wird.‘ Als er aufstand, um sich eine zweite Tasse Kaffee einzuschenken, streifte er mit seinem Bein den kleinen Karton auf dem Stuhl, der prompt herunterfiel und aufging. Angewidert machte Hofbauer einen Schritt zurück und ließ die Tasse fallen, die klirrend auf den Fliesen zerschellte. Vor ihm auf dem Küchenboden lag eine tote Ratte. Hofbauer keuchte. Das ging nun wirklich zu weit. Er holte den Handfeger und die Kehrschaufel und schob mit angehaltenem Atem den Rattenkörper zurück in den Karton. Dann trug er die kleine Kiste nach draußen und beförderte sie mit Schwung in die graue Mülltonne. Ihm war klar, dass er gerade ein weiteres Beweismittel für die Bedrohung vernichtete, aber in der derzeitigen Situation würde er sich besser nicht mehr bei der Polizei sehen lassen. Er wollte alles, aber keine weitere Aufmerksamkeit auf sich lenken. Wer war nur dieser verdammte Erpresser und was wollte er? Bis jetzt hatte er oder vielleicht auch sie lediglich die Schmierereien und Drohungen hinterlassen, aber noch keine Forderungen gestellt. Wenn es eine Forderung nach Geld gäbe, könnte er wenigstens irgendwie reagieren, auch wenn er eigentlich nicht bereit war, irgendwem irgendetwas zu bezahlen. Aber so hätte er wenigstens einen Anhaltspunkt gehabt, was dieser Kretin von ihm wollte.

Ärgerlich ging er wieder nach drinnen und schlug die Haustür wütend hinter sich zu. Die Lust auf ein Frühstück in der Stadt war ihm vergangen. Er sah die noch halbvolle Flasche Rotwein auf dem Wohnzimmertisch, griff sie sich im Vorbeigehen und nahm sie mit in die Küche. Dort suchte er nach einem Weinglas, als er jedoch keins fand, setzte er die Flasche direkt an und nahm einen tiefen Zug. Es sah ihn ja niemand und es würde auch keinen interessieren, wenn er mittags schon wieder betrunken war.

Westerwald. Er hatte gefrühstückt und die Küche aufgeräumt. Jetzt wollte er seine Wäsche waschen und nachher die kleine Souterrain-Wohnung in Ordnung bringen, die er seit seiner Entlassung bewohnte. In dem Haus, in dem er vor seiner Verurteilung mit seiner Frau und seiner kleinen Tochter gewohnt hatte, lebten seine jetzt Ex-Frau mit ihrem Neuen. Seine Tochter, die inzwischen schon zu einem Teenager herangewachsen war, durfte er nicht sehen. Ab und zu beobachtete er sie aus der Ferne, wenn sie vom Schulbus nach Hause ging. Jedes Mal versetzte es ihm einen Stich. Er hatte so viel, eigentlich fast alles von ihrem Leben verpasst und allein Hofbauer war daran schuld.

Er nahm die Jeans, die er bis gestern getragen hatte und zog den Gürtel aus den Schlaufen. Danach griff er in die beiden Taschen, um sie zu leeren. Er fühlte etwas Hartes in der Jeanstasche und zog es heraus. Einen kurzen Moment drehte er das Stück Plastik in den Händen und fragte sich, wo es herkam, doch da fiel es ihm wieder ein. Er hatte es gestern Abend vor Hofbauers Haus aufgehoben und eingesteckt. Bei genauer Betrachtung stellte er fest, dass es offensichtlich irgendwo abgesplittert war, die Kanten waren scharf und unregelmäßig. Es war aus dunkelgrauem Kunststoff, ein wenig rauh – er betrachtete es eingehend, konnte aber nicht feststellen, wo es herstammen konnte.

„Egal", dachte er sich. Vielleicht war es auch alles nur ein Zufall und der Postbote oder Paketlieferant hatten es versehentlich auf dem Grundstück verloren. Er wollte es schon in den Mülleimer werfen, als er plötzlich innehielt und es sich anders überlegte. Er hatte keine Ahnung warum, aber statt das Plastikteil wegzuwerfen, nahm er einen kleinen Gefrierbeutel und verstaute es sorgsam darin. Den Beutel legte er dann auf der Küchenzeile zu dem ganzen Krimskrams, der sich dort immer so ansammelte.

Er brachte seine Wäsche in die Waschmaschine und dachte nicht weiter über die Tüte mit dem Plastikteil darin nach.

12. Juli 2018 – Freitag, 09:30 Uhr

Koblenz. Frank Jörgens betrat mit Tom die Intensivstation des Bundeswehrkrankenhauses.

„Guten Morgen", meldete er sich am Tresen am Eingang der Station. „Jörgens, Kripo Koblenz, K11, das ist mein Praktikant Tom Kunz. Wir müssten noch einmal mit Frau Hansen sprechen."

Die diensthabende Schwester schaute auf den Bildschirm. „Zimmer 8, den Gang runter auf der rechten Seite. Aber Sie wissen, dass Sie Frau Hansen noch nicht anstrengen dürfen", fügte sie mit einem strengen Blick hinzu.

„Wir werden Rücksicht nehmen und versuchen, unseren Besuch möglichst kurz zu halten", versprach Jörgens mit einem strahlenden Lächeln, das im Allgemeinen seine Wirkung bei Frauen nicht verfehlte. „Wenn die wüsste, was wir Frau Hansen gleich vorschlagen wollen, würde sie uns mit dem Stock von der Station jagen", flüsterte er Tom zu.

Sie betraten das Zimmer, in dem Frau Hansen immer noch an die Monitore angeschlossen lag. Das gleichförmige Piepen, das ihre Herzfrequenz anzeigte, erklang im Hintergrund.

„Guten Morgen, Frau Hansen", begrüßte Frank Jörgens die Frau, die in Toms Augen schon deutlich besser aussah als beim letzten Besuch.

„Guten Morgen." Silvia Hansen schaute die beiden Besucher interessiert an. „Sie sind von der Polizei? Haben Sie Neuigkeiten für mich?"

„Frank Jörgens vom K11. Meinen Kollegen Tom Kunz kennen Sie ja bereits vom letzten Besuch. Die Neuigkeiten, dass wir den Fahrer des Wages gefunden haben, leider noch nicht", musste er gestehen, „aber wir haben uns etwas überlegt. Dazu benötigen wir allerdings Ihre Zustimmung."

„Sie machen mich neugierig", lächelte Frau Hansen. „Was haben Sie denn vor?"

„Also, da wir ja gar keine Ahnung haben, wer es auf Sie abgesehen hat und Sie als Überlebende unsere einzige Spur sind, haben wir darüber nachgedacht, eine Pressemitteilung in die Zeitung zu setzen, in der wir nach Zeugen für den Anschlag auf Sie suchen und erwähnen, dass Sie sich an einige Einzelheiten erinnern."

„Und Sie hoffen, dass der Täter es auch liest und dann versucht, mich aus dem Weg zu räumen?"

„Ihnen kann man wirklich nichts vormachen", gab Jörgens zerknirscht zu. „Allerdings werden wir ab sofort Tag und Nacht zwei Beamte vor ihrem Zimmer postieren, um sicherzugehen, dass Ihnen nichts passieren kann."

„So richtig begeistert bin ich nicht von Ihrer Idee, das muss ich schon sagen", wandte Silvia Hansen ein. „Andererseits möchte ich, falls es wirklich ein Anschlag auf mich war, auch nicht den Rest meines Lebens mit dem ständigen Blick über die Schulter leben. Wenn jemand versucht hat, mich umzubringen, dann möchte ich auch, dass er gefasst wird. Also machen Sie mal."

Frank Jörgens lächelte Frau Hansen dankbar an. „Wir versprechen, dass wir Sie schützen. Und wir werden alles tun, um denjenigen zu schnappen, der Ihnen das angetan hat."

Die diensthabende Schwester erschien in der Tür.

„Wir sind schon fertig", beeilte sich Frank Jörgens zu versichern. „Wir sind sofort weg."

„Lassen Sie ruhig, Schwester Ina", besänftigte Frau Hansen die Intensivschwester. „Der Besuch hat ein wenig Abwechslung in meinen doch recht überschaubaren Alltag hier gebracht. Und ich fühle mich auch schon sehr viel besser."

„Alles Gute Ihnen, Frau Hansen." Mit diesen Worten winkten Frank Jörgens und Tom der Frau in dem Intensivbett noch einmal zu und verließen dann unter den strengen Blicken der Schwester die Intensivstation.

12. Juli 2018 – Freitag, 11:00 Uhr

Koblenz. Frank Jörgens betrat mit Tom im Schlepptau das Büro des K11.

„Frau Hansen ist mit unserem Vorschlag einverstanden", berichtete Jörgens, als die Kollegen ihm erwartungsvoll entgegensahen.

„Gut, dann setzt ihr euch jetzt direkt an die Pressemitteilung", entschied Mahler. „Und gebt euch Mühe, das ordentlich zu formulieren. Wenn ihr fertig seid, gehen wir das hier alle zusammen durch, bevor ich das heute noch an die lokalen Zeitungen schicke."

Jörgens und Tom nickten, nahmen sich einen Block und setzten sich vor den Rechner. Tom machte Stichpunkte auf dem Block und danach begannen sie, die Pressemitteilung zu schreiben.

Eine Stunde später saßen sie wieder an dem großen Tisch im Konferenzzimmer zusammen und Mahler las die von den beiden Kollegen verfasste Pressemitteilung vor.

„Puderbach/Koblenz. Am Montag, den 08. Juli 2018 gegen 16:30 Uhr kam es auf der Hauptstraße in Puderbach auf dem Zebrastreifen vor der Verbandsgemeindeverwaltung zu einem schweren Unfall. Eine Mitarbeiterin der Verwaltung wurde beim Überqueren des Zebrastreifens von einem heranfahrenden dunklen SUV erfasst und erlitt gravierende Verletzungen. Der Fahrer des SUV beging Fahrerflucht. Der ADAC-Rettungshubschrauber flog die Schwerverletzte ins Bundeswehrzentralkrankenhaus nach Koblenz, wo sie sofort notoperiert werden musste. Die verletzte Frau wurde nach dem Aufwachen bereits von der Polizei befragt. Sie kann sich an einige Einzelheiten erinnern.

Im Zusammenhang mit diesem Unfall werden weitere Zeugen gesucht, die Auskunft zum Unfallhergang oder dem Unfallverursacher geben können. Sachdienliche Hinweise nimmt die Polizeiinspektion Straßenhaus entgegen. (PM)"

„Noch irgendwelche Verbesserungsvorschläge?", fragte Mahler, nachdem er die Mitteilung vorgelesen hatte.

Keiner meldete sich zu Wort.

„Gut, dann gebe ich die jetzt an die lokalen Medien mit der Bitte um Veröffentlichung weiter. Und danach heißt es dann hoffen, dass unser Plan aufgeht, der Täter die Zeitungen liest und dann wirklich was unternimmt."

„Was haben wir zu verlieren?", warf Jonas Weber ein.

12. Juli 2018 – Freitag, 16:00 Uhr

Koblenz. Als Tom die Tür zu seiner und Paulines Dachgeschosswohnung aufschloss, stieg ihm bereits der verführerische Duft von Paulines Bolognese Spezial in die Nase, die sie für die Lasagne kochte.

"Ich habe noch Salat mitgebracht." Tom hielt den Mehrweg-Beutel mit dem Kopfsalat und den anderen Zutaten für einen gemischten, italienischen Salat hoch.

"Dann kannst du ja schonmal die Zutaten für den Salat schnippeln", grinste Pauline, die wusste, dass Tom kaum etwas mehr verabscheute als das Putzen und Schneiden von Gemüse.

Der Angesprochene verzog kurz das Gesicht, fügte sich aber dann in die Anweisungen. In der Küche gab Pauline den Ton an.

"Wann kommen deine Eltern an?", fragte Pauline.

Tom zog sein Handy aus der Hosentasche und warf einen Blick auf die WhatsApp, die seine Mutter ihm heute Mittag geschickt hatte. "Mum schreibt, dass sie um 14 Uhr losgefahren sind und wahrscheinlich so zwischen 18 und 18:30 Uhr in Koblenz sind. Sie fahren dann erst zu der Adresse von der Ferienwohnung und stellen ihre Sachen ab. Danach kommen sie zu uns. Also ich denke, dass sie so gegen halb acht hier aufschlagen werden."

"Schreib deiner Mutter, sie soll dir sagen, wenn sie in Koblenz sind", schlug Pauline vor. "Dann können wir die Lasagne in den Ofen stellen und essen nicht ganz so spät."

"Gute Idee", stimmte Tom zu und tippte schnell eine WhatsApp an seine Mutter. Meist fuhr Robert, also würde sie die Nachricht lesen können.

"Ich freue mich richtig auf deine Eltern", sagte Pauline, die sich von Anfang an in Toms Familie gut aufgehoben gefühlt hatte.

"Ich mich auch", gab Tom zu. So sehr er die Zeit hier in Koblenz genoss, so sehr vermisste er auch seine Eltern von Zeit zu Zeit. Er hatte noch keine Ahnung, wie es nach seinem Praktikum weitergehen würde. Am 01.10. würde seine Ausbildung im Polizeidienst beginnen, die sich in Schule und Praktika aufteilen würde. Doch wo er nach seiner Ausbildung landen würde, das stand noch in den Sternen. Pauline würde mindestens für die Dauer ihres freiwilligen sozialen Jahres in Koblenz bleiben und plante danach, eine Ausbildung zur Notfallsanitäterin zu beginnen. Wenn alles glatt ginge, würde sie ihre Ausbildung direkt hier in der Rettungswache absolvieren können, wo sie jetzt schon war. Das hätte fast nur Vorteile - sie kannte die Stadt und die Kollegen, hatte eine Wohnung und vor allem fühlte sie sich hier wohl. Zur Polizeischule in Enkenbach-Alsenborn war es nicht so weit, dass sie sich nicht am Wochenende sehen konnten. Aber trotz allem vermisste er seine Mutter und seinen Adoptivvater. Seit seine Mutter Robert geheiratet hatte, waren sie das erste Mal eine richtige Familie gewesen - etwas, das er vorher nie so kennengelernt hatte.

"Erde an Tom", Pauline war an ihn herangetreten. Er hatte wohl etwas abwesend in die Gegend gestarrt.

"Ja, ich fange sofort mit dem Salat an", sagte Tom und legte die Arme um seine Freundin. "

"Was ist denn los mit dir?", wollte Pauline wissen. "Du warst gerade so abwesend."

"Mir ging alles Mögliche durch den Kopf", wiegelte er ab. "Egal, jetzt machen wir uns erstmal ein paar schöne Tage mit meinen Eltern. Ich bin mal gespannt, wie es Robert nächste Woche im Präsidium gefällt. Ich habe Stefan Mahler heute gefragt und er würde sich freuen, Robert kennen zu lernen."

„Das ist doch super", freute sich Pauline mit ihm. „Ich habe nächste Woche ein paar Tage frei, dann kann ich mit deiner Mutter was unternehmen und ihr die Stadt zeigen. Je nachdem, wie das Wetter ist, suche ich für uns und Wolle ein paar schöne Wege durch die Weinberge. Geht ihr mal schön ins Büro", neckte sie ihn.

„Vielen Dank", stöhnte Tom mit etwas übertriebener Theatralik. „Ich sehe es schon vor mir. Robert und ich hocken bei gefühlten 40° im stickigen Büro und ihr zwei flaniert mit Wolle durch die Weinberge und sitzt schön im Café."

„Tja, mein Mitleid hält sich in Grenzen, das ist dann wohl selbst gewähltes Leid."

„Ich wusste es, niemand hier versteht mich", lachte Tom.

Autobahn Richtung Koblenz. „Und freust du dich, deinen Sohn mal wieder zu sehen?", fragte Robert mit einem Seitenblick auf seine Frau, während sie auf der A3 Richtung Autobahndreieck Dernbach unterwegs waren. Das Navi prophezeite eine Restreisedauer von knapp zwei Stunden.

„Klar, du etwa nicht?" Man konnte Anna die Vorfreude in der Stimme anhören.

„Natürlich, und ich bin auch wirklich gespannt, wie sich Tom bei den Kollegen so macht", gab ihr Mann unumwunden zu. „Ich bin schon ein wenig stolz, dass er in meine Fußstapfen treten will, auch wenn ich nicht sein leiblicher Vater bin."

„Anfangs war ich ja nicht so begeistert von seiner Idee, zur Polizei zu gehen, aber letztlich ist es sein Leben und er muss seinen Beruf mögen." Anna seufzte. „Und bei der Erziehung zum Bürohengst habe ich ja offensichtlich ziemlich versagt."

Robert musste lachen. „Sorry, aber irgendwo in der Buchhaltung oder sonst hinter einem Schreibtisch kann ich mir unseren Sohn beim besten Willen nicht vorstellen." Als er von 'unserem Sohn' sprach, klang seine Stimme warm.

„Ich ja auch nicht", lachte Anna. „Aber versprich mir, dass du dich nicht in seine Karriere einmischst. Er würde keine Starthilfe wollen, dazu ist er zu stolz."

„Großes Indianerehrenwort", versprach Robert. „Außerdem braucht er keine Starthilfe, er schafft das ganz allein."

„Ich bin mal gespannt, was die beiden uns in Koblenz so alles zeigen wollen. Ich habe mal ein bisschen im Internet gegoogelt und die Stadt hat eine Menge zu bieten – viel mehr, als wir in den wenigen Tagen anschauen können."

„Die beiden werden schon was Interessantes ausgesucht haben und es muss ja auch nicht unsere letzte Fahrt nach Koblenz gewesen sein."

12. Juli 2018 – Freitag, 18:30 Uhr

Westerwald. Hofbauer saß auf dem Sofa in seinem Wohnzimmer und starrte in den Fernseher, wo irgendein Programm über den Bildschirm flimmerte. Er bekam kaum noch etwas mit, denn inzwischen stand die zweite geöffnete Rotweinflasche auf dem Tisch. Das Bild der toten Ratte tauchte immer wieder vor seinem inneren Auge auf und es verschwand auch nach inzwischen mehr als einer Flasche Rotwein nicht. Er war wütend. Wer nahm sich diese Frechheit raus, ihn zu bedrohen, sein Eigentum zu beschmieren und ihm eine tote Ratte vor die Tür zu legen? Wenn er den zu fassen bekäme, dann ... ja was dann?, dachte er bei sich. Wer wusste schon, zu was dieser Verbrecher fähig war? Und was sollte die Botschaft mit der toten Ratte ihm sagen? Auch wenn er es noch nicht einmal vor sich selbst zugeben wollte, ihm wurde langsam angst und bange.

Koblenz. Es klingelte.

„Da sind sie." Tom sprang vom Sofa auf, auf dem er mit Pauline gesessen und ein wenig ferngesehen hatte. Die Lasagne war seit einer halben Stunde im Ofen. Tom öffnete die Tür. Zuerst war nur Wolles aufgeregtes Gebell zu hören, der seinen lange und schmerzlich vermissten Spielkameraden Tom lautstark begrüßte. Pauline stand auf und ging auch zur Tür. Sie hatte Tom den kleinen Moment allein mit seiner Familie gönnen wollen.

„Pauline, schön dich zu sehen", Anna trat einen Schritt auf sie zu und umarmte sie herzlich. Anna hatte ein so großes Herz, dass es für mehr als ihre eigene Familie reichte. Und Pauline gehörte als Toms Freundin quasi sowieso zur Familie.

„Kommt doch erstmal rein." Pauline trat einen Schritt zurück und wies mit dem Arm einladend in den Wohnbereich. „Es ist nicht besonders groß, aber ich finde es gemütlich."

Anna sah sich kurz um. „Das finde ich auch." Sie schnüffelte in Richtung Küche. „Und es riecht ganz wunderbar aus der Küche. Was habt ihr gekocht?"

„Lasagne", strahlte Pauline.

„Höre ich da Lasagne?" Robert war seiner Frau gefolgt. „Ich habe einen Bärenhunger."

„Wann hast du mal keinen Hunger?", neckte ihn Anna. „Aber mir knurrt auch schon der Magen."

Tom hatte den Salat auf den Tisch gestellt. „Kein Problem, dank eurer WhatsApp wussten wir, wann ihr da seid, also ist das Essen fertig. Setzt euch, Wasser für dich, Wolle", wandte er sich an den Mischling, „haben wir in der Küche." Er fasste den Hund am Halsband und führte ihn in die Küche, wo ein Wassernapf stand und ein paar Leckerlis daneben lagen, über die sich der Hund auch direkt hermachte.

Es war eine fröhliche Mahlzeit, Robert und Anna hatten eine Menge Fragen, die Tom und Pauline auch geduldig beantworteten.

„Wart ihr schon in der Ferienwohnung?", wollte Tom wissen.

„Ja, wir haben die Schlüssel geholt und gerade das Gepäck abgestellt", antwortete Robert. „Den Rest machen wir später oder morgen früh."

Anna gähnte. „Wohl eher morgen", beschied sie. „Heute Abend mache ich nichts mehr außer mit Wolle noch schnell eine Runde gehen und danach will ich ins Bett."

„Dein Wunsch ist mir Befehl", lachte Robert. „Seid uns nicht böse, wenn wir uns jetzt aufmachen, aber ich bin auch platt."

„Natürlich nicht. Wir holen euch aber morgen früh um zehn Uhr ab und dann gehen wir gemeinsam frühstücken und in die Stadt. Es gibt jede Menge zu sehen."

13. Juli 2018 – Samstag, 09:50 Uhr

Koblenz. „Bist du fertig?", rief Tom, der schon angezogen an der Tür stand.

„Ja, eine Minute, dann bin ich so weit", antwortete Pauline, die sich nur schnell die Haare fertig föhnen wollte.

Pauline und Tom fuhren mit ihrem kleinen Auto an die Adresse, wo die Ferienwohnung war, und stellten den Wagen neben dem Kombi mit dem Hannoveraner Kennzeichen ab.

Anna öffnete die Tür und ließ die beiden herein. Die Wohnung war stilvoll eingerichtet, hell und hatte einen Blick auf die Mosel, die heute im schönsten Sonnenschein lag.

„Hier kann man es aushalten", stellte Tom nach einem Blick durch die Wohnung anerkennend fest. „Der Tipp von meinem Kollegen war Gold wert."

„Das hier ist auf jeden Fall besser als ein Hotel", stimmte seine Mutter ihm zu.

Robert kam aus dem Bad, die Haare noch feucht und in leichten Wellen. Tom stellte immer wieder erstaunt fest, wie jung und dynamisch sein Stiefvater mit Ende Vierzig immer noch aussah. Und seit seine Mutter – nun schon einige Jahre – mit ihm zusammen war, war sie so frei und gelöst wie er sie in seiner Kindheit nie erlebt hatte. Er gönnte ihr das neue Glück – und dass er ganz nebenher noch einen echt coolen Vater dazugewonnen hatte, war für alle ein Gewinn.

„Was stellen wir denn mit diesem wunderschönen Samstag jetzt an?", fragte Robert. „Ich hoffe, ihr habt euch was Gutes überlegt, wir wollen Koblenz kennenlernen."

„Was denkt ihr denn?", entrüstete sich Tom. „Natürlich haben wir was für euch vorbereitet. Zuerst machen wir uns auf ans Deutsche Eck und fahren von dort mit der Seilbahn hoch nach Ehrenbreitstein, wo wir an einer Führung durch die alte Festung teilnehmen. Dann können wir uns da oben ein lauschiges Plätzchen für einen Imbiss suchen und uns später von der Seilbahn wieder nach unten bringen lassen. Dann machen wir noch die Stadt unsicher und sobald wir Wolle in die Ferienwohnung gebracht haben, essen wir in der Altstadt und ziehen noch ein bisschen um die Häuser. Inzwischen kenne ich hier die brauchbaren Kneipen."

Westerwald. Das Telefon schrillte und Hofbauer erschrak. Er war auf der Couch wieder eingedöst. Unwillig nahm er das Mobilteil in die Hand und meldete sich mürrisch.

„Hofbauer."

„Guten Tag, Herr Hofbauer, hier ist Wagner, von der Autowerkstatt", meldete sich die Dame vom Empfangstresen. „Ihr Ersatzteil kam mit der Lieferung gerade an. Wann sollen wir es einbauen?"

„Geht es heute noch?", fragte Hofbauer.

„Nein, das tut mir leid, wir schließen um 12 Uhr. Vor Montag wird das nicht klappen. Aber Sie können Ihren Wagen am Montagmorgen direkt um 9 Uhr bringen, dann ist er mittags fertig."

„Ja, dann bringe ich ihn eben am Montag", antwortete Hofbauer und legte ohne einen weiteren Gruß auf.

‚Komischer Kauz und echt unfreundlich', dachte Frau Wagner und legte dann achselzuckend den Hörer auf. Sie trug Hofbauers Volvo für 9 Uhr am 15.07. in die Werkstattliste ein.

Koblenz. Stefan Mahler ging auf den Balkon und zündete sich eine Zigarette an. Seine Frau trat hinter ihn und legte ihm die Hand auf die Schulter.

„Seit wann rauchst du wieder?", fragte sie sanft.

Er schüttelte müde den Kopf und drückte die Zigarette im Aschenbecher aus. „Eigentlich gar nicht wieder. Es war nur ein Ausrutscher und das wird es auch bleiben."

„Das wird wieder?", fragte seine Frau. „Das kommt doch wirklich alles wieder in Ordnung?"

„Ich werde alles dafür tun", versicherte Mahler seiner Frau, drehte sich um und legte die Arme um sie. „Zuerst geht Sabrina jetzt in die Klinik und in der Zeit müssen wir uns gut überlegen, wie es danach weitergehen soll."

„Wie soll es schon weitergehen?", fragte seine Frau mutlos. „Wir können sie nicht zu Hause einsperren und ich kann sie auch nicht auf Schritt und Tritt verfolgen, um zu verhindern, dass sie sich wieder mit diesen Leuten trifft."

„Ich werde eine Lösung finden", versprach Mahler seiner Frau und zog sie dichter an sich. „Mir wird etwas einfallen, wie wir Sabrina schützen können und ihr einen Neuanfang ermöglichen."

Seine Frau machte sich los und sah ihn ernst an. „Tut mir leid, aber das kann ich erst glauben, wenn es wirklich passiert ist."

„Glaub es mir, ich werde das Problem irgendwie lösen." Mahler klang so entschlossen, wie seine Frau ihn lange nicht mehr gehört hatte.

Sie sah ihn an. „Ich möchte es dir so gerne glauben."

Mit diesen Worten ging sie zurück in die Wohnung. Mahler blieb noch eine Weile auf dem Balkon stehen und schaute ins Leere. In seinem Kopf schwirrten tausend Gedanken herum, aber nach und nach fing ein ganz bestimmter an, darin Form anzunehmen. Ein vorsichtiges Lächeln spielte um seine Mundwinkel. Das könnte die Lösung sein.

15. Juli 2018 – Montag, 8:15 Uhr

Koblenz. „Guten Morgen." Tom betrat gemeinsam mit Robert das Büro des K11. Stefan Mahler war – wie eigentlich immer – schon da und von dem Tisch, auf dem die Kaffeemaschine stand, stieg ihnen der verführerische Duft von frischgebrühtem Kaffee in die Nase.

„Robert Kunz", stellte Robert sich vor und reichte Mahler die Hand. „Vielen Dank, dass ich meinen Sohn heute und morgen begleiten und Koblenz kennenlernen darf."

„Ganz im Gegenteil, mir ist es eine Freude", gab Mahler zurück. Einladend wies er auf die Stellwände mit den gesammelten Fakten über Hofbauer, den Mord an Johannes Köhler und den Anschlag auf Silvia Hansen. „Vielleicht lassen Sie sich bei einem Kaffee von den Kollegen auf den aktuellen Stand bringen. Danach sehen wir uns alle in einer halben Stunde zur Besprechung."

Sofort wurde Robert von Jonas Weber und Frank Jörgens in Beschlag genommen. Tom richtete den Konferenztisch im Nebenraum für die anstehende Besprechung her, während seine Kollegen mit seinem Vater über die drei Fälle sprachen und versuchten, Robert alles Wissenswerte mitzuteilen.

Eine halbe Stunde später saßen alle um den großen Tisch im Konferenzraum. Stefan Mahler ergriff das Wort.

„Ich möchte die Gelegenheit noch einmal nutzen und Robert Kunz, Toms Vater, aus Hannover bei uns begrüßen. Er wird uns, beziehungsweise in erster Linie seinen Sohn in den nächsten beiden Tagen bei unseren Ermittlungen begleiten, bei denen wir aktuell ja leider ein wenig auf der Stelle treten. Ich habe eben mit den Beamten gesprochen, die seit Freitag auf dem Flur vor Silvia Hansens Zimmer im Krankenhaus Wache gestanden haben und es nichts weiter passiert. Entweder war es wirklich nur ein Unfall oder der Täter hat gemerkt, dass er an Frau Hansen aktuell nicht herankommt. Wobei mir immer noch nicht klar ist, warum jemand überhaupt dieser Frau etwas antun sollte."

„Haben wir noch einmal etwas von diesem Kommissar a.D. Hofbauer gehört?", meldete sich Jonas Weber zu Wort.

Alle schüttelten einhellig die Köpfe.

Robert schaute in die Runde. „Ich bin zwar hier nur Gast, aber diesen Kommissar würde ich mir wirklich gerne mal näher anschauen. Ich weiß nicht warum, aber nach dem, was die Kollegen mir eben über die Fälle erzählt haben, habe ich so ein Gefühl, als würde sich hinter diesem Herrn mehr verbergen, als man auf den ersten Blick sieht."

„Wenn Sie möchten, nehmen Sie sich einen Kollegen und natürlich gerne Ihren Sohn mit und fahren Sie in den Westerwald, um noch einmal mit Hofbauer zu reden. Den Schlüssel für den Dienstwagen gebe ich Ihnen gleich."

„Aber nimm dich in Acht", platzte Tom heraus, „der Hofbauer ist ein richtiges Ekelpaket."

Tom grinste verlegen wegen seines Ausrutschers, aber alle konnten sich ein Lachen nicht verkneifen. Schließlich hatte er damit den Nagel auf den Kopf getroffen.

Westerwald. Er stand in einiger Entfernung von Hofbauers Haus und beobachtete, wie der Kommissar das Haus verließ. Bei näherem Hinsehen sah er gotterbärmlich aus. Übernächtigt und mit schweren Schritten schlurfte er in Richtung seiner Garage, öffnete das Tor und fuhr heraus. Irgendetwas sah komisch an dem Wagen aus, aber er kam nicht darauf, was es war. Hofbauer schloss das Tor wieder und bog in die Hauptstraße ein. Er folgte ihm in relativ großem Abstand. Hofbauer fuhr in Richtung Ransbach-Baumbach und bog dann in die Einfahrt einer kleinen Autowerkstatt ein. Er fuhr daran vorbei, um nicht aufzufallen und hielt auf dem Parkplatz eines Supermarktes, wo er noch einige Lebensmittel kaufen wollte.

Hofbauer stellte den Wagen vor der Werkstatthalle ab und ging in das Büro, wo wieder dieselbe 40-jährige Angestellte saß wie letzten Mittwoch.

Sie schaute von den Bestellungen auf, die sie gerade in den Rechner tippte.

„Hofbauer", begann der Kommissar. „Ich bringe den Wagen mit dem beschädigten Kühlergrill."

„Guten Morgen, ich weiß", antwortete die Angestellte Frau Wagner. „Wenn Sie hier die Auftragsbestätigung unterschreiben und mir Ihren Wagenschlüssel hierlassen, dann kümmert sich der Mechaniker gleich um Ihren Wagen. In ungefähr zwei Stunden wird er fertig sein, dann können Sie ihn abholen."

Hofbauer, der an diesem Morgen weder gesprächig, noch gut gelaunt war, legte wortlos den Autoschlüssel auf den Tresen, unterschrieb die Auftragsbestätigung und verließ ohne ein weiteres Wort den Verkaufsraum.

Frau Wagner hob kurz die Augenbrauen. „Na dann eben nicht", sagte sie zu sich selbst und widmete sich wieder ihren Ersatzteilbestellungen.

„Ist der angemeldete Volvo für den Austausch des Kühlergrills schon da?" Mit diesen Worten betrat der Werkstattmeister den Vorraum.

„Das nenne ich mal Timing", antwortete Frau Wagner. „Ist eben gekommen, der Schlüssel liegt da vorne auf dem Tresen." Sie deutete mit einem Kopfnicken in die Richtung, wo die unterschriebene Auftragsbestätigung und der Schlüssel lagen. „Aber pass bloß auf, dass du keine Flecken oder Schmutz in der Karre hinterlässt. Ich habe den Eindruck, mit diesem Herrn Hofbauer ist nicht gut Kirschen essen."

Der Werkstattmeister schnappte sich den Schlüssel vom Tresen, rollte kurz mit den Augen und sagte: „Aber klar doch, ich passe schon auf, du kennst mich doch."

„Eben deswegen", erwiderte die Angestellte lachend.

Sie sah, wie der Fahrersitz des Volvos mit einer Plastikfolie zum Schutz abgedeckt und der Wagen danach in die Werkstatt gefahren wurde. Sie bereitete die Rechnung vor – 261,-€ für das Ersatzteil plus die Arbeitsstunden, die sie noch offenließ, zzgl. Mehrwertsteuer. Sie speicherte das Dokument und ging danach in die Küche, um eine neue Kanne Kaffee zu kochen. Um neun Uhr war Frühstückspause, da kamen die Mitarbeiter aus der Werkstatt und lechzten nach einem guten Kaffee. Und dass ihr Kaffee der beste war, das wussten die Kollegen schon lange.

Hofbauer hatte sich zu Fuß auf den Weg zu einem kleinen Café in der Nähe gemacht. Er hoffte, es würde nicht länger als die veranschlagten anderthalb Stunden dauern, bevor er seinen Wagen wieder abholen konnte. Mit missmutigem Gesichtsausdruck ließ er sich an einem Tisch in der Ecke nieder, bestellte einen Kaffee und ein belegtes Brötchen. Die Kellnerin brachte alles und wünschte ihm guten Appetit. Er kaute lustlos auf dem mit Salami und Käse belegten Brötchen herum und trank den schwarzen Kaffee.

„Kann ich Ihnen noch etwas bringen?" Die Kellnerin trat wieder an den Tisch und räumte das leere Geschirr ab.

„Haben Sie eine Tageszeitung?", fragte Hofbauer. „Und bringen Sie mir bitte noch einen Kaffee." Ganz kurz hatte er ein Glas Rotwein bestellen wollen, besann sich aber im letzten Moment eines Besseren. Er musste gleich noch das Auto abholen und Ärger mit der Streifenpolizei war nun wirklich das letzte, was er im Moment zusätzlich noch brauchte.

„Hier bitte, die Rheinzeitung von heute und Ihr Kaffee." Die Kellnerin stellte die Tasse ab und reichte ihm die Tageszeitung.

„Danke", erwiderte Hofbauer abwesend und nahm die Zeitung entgegen. Er blätterte die Zeitung oberflächlich durch, bis sein Blick im Nachrichtenteil auf eine Pressemitteilung der Kripo Koblenz fiel. Er las die Nachricht und plötzlich begann es, in seinen Ohren zu rauschen. Das konnte doch alles nicht wahr sein, die Frau hatte überlebt und angeblich erinnerte sie sich auch noch an Einzelheiten. Was, wenn sie das Nummernschild oder Teile davon erkannt hatte. Hofbauer wurde abwechselnd heiß und kalt. Und dabei war er sich seiner Sache so sicher gewesen, einen solchen Aufprall konnte doch niemand überleben. Er überlegte fieberhaft, was er jetzt tun sollte. Zuerst musste er Ruhe bewahren. Im Moment konnte er nichts tun. Er würde gleich sein Auto abholen, dann nach Hause fahren und in Ruhe überlegen, wie er weiter vorgehen würde.

Er las die restliche Zeitung, trank seinen Kaffee und winkte der Kellnerin zum Bezahlen. Um 10:00 Uhr stand er wieder vor der Werkstatt. Sein Auto stand bereits mit neuem Kühlergrill vor der Halle. Er ging zu der Mitarbeiterin am Tresen, die ihm wortlos die vorbereitete Rechnung reichte.

„Zahlen Sie bar oder mit Karte?", fragte sie ihn.

Hofbauer wollte schon „Mit Karte" antworten, besann sich aber eines Besseren. „Ich zahle bar." Mit diesen Worten nahm er mehrere Hundert-Euro-Scheine aus seinem Portemonnaie und legte sie auf den Tresen. Frau Wagner öffnete die Kasse und legte ihm das Rückgeld zusammen mit dem Schlüssel hin.

„Gute Fahrt", wünschte sie ihm noch, bevor sie sich wieder ihrer Arbeit widmete und ihm keine weitere Beachtung schenkte.

Hofbauer verließ die Werkstatt ohne einen weiteren Gruß, er setzte sich hinters Steuer und sah zu, dass er nach Hause kam. Er musste dringend nachdenken und eine Lösung finden. Wichtig war, dass er auf keinen Fall mit diesem Unfall in Verbindung gebracht wurde. Er musste herausbekommen, an was sich diese Frau Hansen erinnerte.

15. Juli 2018 – Montag, 10:00 Uhr

Westerwald. „Da vorne muss es sein." Tom hatte das Navi während ihrer Fahrt in den Westerwald im Auge behalten und deutete jetzt in eine kleine Straße, an der Hofbauer laut ihren Unterlagen wohnte.

Sie hielten vor einem großen, gepflegten Haus an.

„Sieht aus, als wäre keiner da", sagte Tom nach einem Blick auf die Einfahrt.

„Wir versuchen unser Glück und klingeln", entschied Robert. „Der Mann ist Pensionär, vielleicht haben wir Glück und er ist gerade nicht einkaufen oder sonst wo."

Sie stiegen aus, schlossen den Wagen zu und gingen auf die Haustür zu. Auf dem Türschild stand „Richard Hofbauer". Tom drückte den Klingelknopf. Es schrillte innen, aber nichts passierte.

„Scheinbar doch einkaufen", sagte Robert und zuckte mit den Schultern. Sie wandten sich ab und hatten den Wagen fast erreicht, als ein dunkler SUV in die Straße einbog und auf die Einfahrt vor Hofbauers Garage fuhr. Tom wollte sich schon umdrehen und zurück zum Haus gehen, doch Robert legte ihm die Hand auf den Arm und hielt ihn zurück.

„Warte einen Moment", raunte er ihm zu. „Noch hat er uns nicht wahrgenommen."

Sie blieben zum Auto gewandt stehen, Hofbauer öffnete das Garagentor und fuhr den Wagen herein. Das Tor schloss sich, aber er blieb verschwunden.

„Scheinbar hat er einen Seiteneingang zwischen Garage und Haus", sagte Tom. „Was machen wir jetzt? Klingeln?"

„Klar, jetzt klingeln wir", antwortete Robert. „Und dann bin ich mal echt gespannt auf das Ekelpaket", ergänzte er mit einem Augenzwinkern zu seinem Sohn.

Tom hielt plötzlich inne. „Hast du gesehen, was Hofbauer für einen Wagen fährt? Einen dunklen SUV mit WW auf dem Kennzeichen – das ist genauso einer, wie Frau Hansen im Krankenhaus gesagt hat."

„Aber dunkle SUVs mit den Buchstaben WW gibt es hier mit Sicherheit jede Menge", gab Robert zu bedenken. „Damit kriegen wir jemanden, der so abgebrüht ist wie der, selbst für den Fall, dass er wirklich was damit zu tun hat, auf gar keinen Fall dran. Da brauchen wir schon handfeste Beweise."

„War ja auch nur ein Gedanke", antwortete Tom. Trotzdem ließ ihn dieser Gedanke nicht mehr los und er beschloss, den Hinweis später im Büro mit auf die Tafel zu Hofbauer zu schreiben.

Sie drückten auf die Klingel neben der Eingangstür und warteten. Kurz darauf vernahmen sie schlurfende Schritte hinter der Tür und Hofbauer öffnete.

„Ja bitte?", fragte er mit dem ihm eigenen ablehnenden Unterton.

„Robert Kunz von der Kripo." Robert vermied es, zu erwähnen, dass er ja gar nicht zur Koblenzer Kriminalpolizei gehörte und nur zu Besuch war. „Und das ist mein Sohn Tom, den Sie ja bereits kennengelernt haben."

„Habe ich das?" Hofbauer wirkte abwesend. „Ja, mag sein. Aber was wollen Sie denn schon wieder hier? Oder haben Sie endlich denjenigen gefunden, der mein Garagentor beschmiert und das Fenster eingeworfen hat?"

„Nein, denjenigen haben wir leider noch nicht gefunden", erklärte Robert geduldig. „Aber wir hätten noch ein paar Fragen, die uns eventuell bei der Suche weiterbringen. Können wir vielleicht hereinkommen oder möchten Sie sich mit uns im Eingang unterhalten?"

Inzwischen konnte man auch Robert anmerken, dass er den Kommissar unausstehlich fand und es lag eine fast greifbare Spannung zwischen den beiden Männern in der Luft. Tom verfolgte den Schlagabtausch zwischen den beiden wie ein spannendes Tennismatch.

„Wenn es unbedingt sein muss, dann kommen Sie eben herein", erwiderte Hofbauer genervt. „Ich muss Sie allerdings warnen, ich habe derzeit keine Haushälterin und es ist nicht aufgeräumt."

„Das stört uns nicht im Mindesten", antwortete Robert schon fast zu freundlich.

Hofbauer trat einen Schritt zurück und ließ die beiden ein. Er wies mit dem Arm in Richtung des Wohnzimmers. Unauffällig schaute Tom sich in dem Raum um. Auf dem Wohnzimmertisch standen zwei leere Rotweinflaschen, die Kissen auf dem Sofa waren unordentlich aufeinandergestapelt und zerknautscht.

„Setzen Sie sich", sagte Hofbauer. „Was wollen Sie denn jetzt noch wissen? Ich finde, es wird langsam mal Zeit, dass die Polizei etwas gegen solche Leute unternimmt, die rechtschaffene Bürger terrorisieren."

„Die Kollegen der Schutzpolizei ermitteln ja", erwiderte Robert, der sich wirklich zusammennehmen musste, um Hofbauer nicht mal ordentlich die Meinung zu geigen. „Aber schließlich handelt es sich bei Ihnen ja aktuell noch nur um einen Sachschaden, beziehungsweise eine Bedrohung. Sie sind ja nicht zu Schaden gekommen."

„Und wer garantiert mir, dass das nicht noch geschieht", schnaubte Hofbauer. „Wer weiß denn, wozu solche Subjekte fähig sind?"

„Die Frage ist doch wohl eher, wer zu einem solchen Hass auf sie fähig ist?", konterte Robert. „Und wenn Sie wollen, dass wir die Person finden, sollten Sie uns unterstützen und uns möglichst viele Informationen liefern, wer für solche Taten in Frage kommt."

„Also soll ich am Ende wieder ihre Arbeit machen?", blaffte der Kommissare Robert und seinen Sohn an. „Es gibt jede Menge Leute, die ich hinter Gitter gebracht habe, also auch mit Sicherheit jede Menge Leute, die sich liebend gern an mir rächen wollen. Das habe ich aber auch schon den Kollegen der Schutzpolizei gesagt. Was hat denn überhaupt die Kripo und die Mordkommission damit zu tun?"

Jetzt waren sie an dem Knackpunkt angelangt und Robert zögerte einen Moment, bevor er antwortete. Was er jetzt sagte, bedurfte wohl gewählter Worte. „Es ist so", begann er, „es ist natürlich sehr schlimm, dass Sie bedroht werden. Wir hatten allerdings gehofft, dass Sie uns eventuell bei unseren Ermittlungen mit Ihren langjährigen Erfahrungen unterstützen könnten."

Bei solchen Typen wie Hofbauer wirkte es Wunder, wenn man ihnen Honig um den Bart schmierte, das wusste Robert aus seinen langen Jahren bei der Polizei. Es wirkte, Hofbauers Ton wurde sofort eine Nuance weicher und er klang nicht mehr so ablehnend.

„Und wie soll ich Ihnen helfen?", fragte er. „Geht es immer noch um den Mord an diesem Journalisten – ... Johannes Köhler? Alles, was ich über Herrn Köhler wusste, habe ich den Kollegen in Koblenz auch schon gesagt. Aber Sie waren da nicht dabei", er schaute Robert fragend an.

„Nein, ich war ein paar Tage im Urlaub", schwindelte der. „Ich bin erst am Wochenende zurück nach Koblenz gekommen. Aber es geht gar nicht primär um Herrn Köhler, obwohl wir da natürlich auch immer noch auf Hochtouren ermitteln, vielmehr gab es einen Mordversuch, bei dem wir noch völlig im Dunkeln tappen. Eine Frau wurde in Puderbach von einem Auto angefahren und schwer verletzt."

„Wieso sind Sie sich dann so sicher, dass es sich um einen Mordversuch handelt?", wollte Hofbauer wissen. „Es kann doch auch ein ganz stinknormaler Unfall gewesen sein."

„Danach sieht es für uns nicht aus", erwiderte Robert. „Zeugen haben beobachtet, dass der Wagen noch nicht einmal einen Versuch gemacht hat, abzubremsen oder auszuweichen, sondern bewusst auf die Dame zugehalten hat."

Während er sprach, beobachtete er Hofbauer ganz genau. Der Kommissar versuchte, gleichmütig und routiniert zu klingen, aber

Robert spürte etwas hinter dieser Fassade. Auf der Stirn des Kommissars bildeten sich kleine Schweißperlen und sobald er sich unbeobachtet fühlte, wirkte er ein wenig fahrig.

„Aber selbst wenn es ein Mordversuch war, wie soll ich Ihnen denn da weiterhelfen können?", fragte Hofbauer jetzt betont uninteressiert.

„Interessanterweise handelt es sich um eine Dame, die Ihnen auch bekannt ist."

Robert bewegte sich langsam auf den Punkt zu, Hofbauer wurde zusehends nervöser, auch wenn Robert den Namen der Geschädigten noch gar nicht erwähnt hatte.

„Sie erinnern sich doch bestimmt an Frau Silvia Hansen?", fragte Robert weiter.

Hofbauer zuckte mit den Schultern. „Ja natürlich, sie hat sich vor einigen Jahren an einem meiner Buchprojekte beteiligt. Aber seitdem habe ich nichts mehr von ihr gehört. Ich habe bei meinem letzten Projekt mit einem anderen Autor zusammengearbeitet", gab er überraschend bereitwillig Auskunft. „Was ist denn mit Frau Hansen?"

„Frau Hansen", begann Robert gedehnt, „wurde vor ein paar Tagen in Puderbach auf dem Fußgängerüberweg von einem Auto angefahren und schwer verletzt."

Hofbauer zuckte fast unmerklich zusammen, fing sich aber direkt wieder. „Und wie soll ich Ihnen dabei helfen? Offensichtlich lebt Frau Hansen ja noch."

„Immerhin ist Frau Hansen die zweite Person, der etwas zustößt, nachdem sie mit Ihnen gemeinsam ein Buch geschrieben hat", setzte Robert noch einen drauf.

„Das ist doch bloß ein blöder Zufall", schnappte Hofbauer, dessen freundlicher Ton so schnell verschwand, wie er gekommen war.

„Das kann natürlich sein." Robert ließ sich nicht beirren. „Aber könnte es nicht sein, dass es doch etwas mit den Büchern oder deren Inhalt zu tun hat?"

„Das müssen Sie dann schon selbst herausfinden", erwiderte Hofbauer. „Sie sind doch hier die Ermittler und ich bin im Ruhestand."

„Also fällt Ihnen niemand ein, über den Sie geschrieben haben, der Ihnen, beziehungsweise ihren Co-Autoren das übelnimmt? Immerhin würde das erklären, dass auch Sie bedroht wurden, auch wenn Sie noch am Leben und bei bester Gesundheit sind", konnte sich Robert nicht verkneifen hinzuzufügen.

„Da kann ich Ihnen nicht weiterhelfen", beharrte Hofbauer. „Und ich möchte Sie auch bitten, jetzt zu gehen, wenn es nichts Weiteres gibt, was Sie mir zu meinem Fall mitteilen können. Ich hoffe allerdings, dass Sie es in naher Zukunft schaffen, herauszufinden, wer mich bedroht und mein Eigentum beschädigt."

Hofbauer stand auf und gab damit unmissverständlich zu verstehen, dass er die Unterhaltung für beendet ansah und erwartete, dass Robert und Tom sein Haus verließen.

„Du hattest Recht", sagte Robert, als er mit Tom am Auto ankam. „Der Typ ist wirklich ein Ekelpaket sondergleichen. Aber trotzdem lässt mich das Gefühl nicht los, dass der auch nicht ganz astrein ist."

Hofbauer hatte durch das Küchenfenster beobachtet, wie die beiden zurück zum Auto gingen. Als sie eingestiegen waren und der Wagen davonrollte, wandte er sich ab und lief wie ein eingesperrter Tiger im Käfig durch sein Wohnzimmer. Was sollte er jetzt tun? Woran erinnerte sich Silvia Hansen?

„Bleib ruhig", ermahnte er sich halblaut. „Niemand kann dir beweisen, dass du was damit zu tun hast. Die Ermittlungen werden im Sand verlaufen und irgendwann eingestellt werden. Dann wird nichts weiter geschehen."

Er beruhigte sich ein wenig. Inzwischen war er sich ziemlich sicher, dass die Drohungen nicht von seinen Co-Autoren ausgingen. Johannes Köhler war tot, Silvia Hansen lag schwerverletzt im Krankenhaus und trotzdem hatte jemand eine tote Ratte vor seine Haustür gelegt. Er musste heute einen klaren Kopf behalten und darüber nachdenken, wer hinter diesen anonymen Drohungen stecken konnte. Wenn es nichts mit den Büchern zu tun hatte, dann konnte es nur jemand sein, den er in seiner aktiven Zeit hinter Gitter gebracht hatte. Davon gab es jede Menge. Entschlossen stellte er die angebrochene Rotweinflasche in den Kühlschrank und räumte die leere in die Box fürs Altglas, die in den letzten Tagen beträchtlich an Inhalt dazugewonnen hatte. Dann nahm er ein Spültuch, wischte den Esstisch ab und setzte sich mit einem Kaffee, Block und Stift an den Tisch. Entschlossen begann er, alle Namen aus seinen alten Fällen aufzuschreiben, die ihm in den Sinn kommen. Er würde diesen Mistkerl schon kriegen.

15. Juli 2018 – Montag, 11:00 Uhr

Koblenz. „Na, wie war euer Besuch bei Kommissar ‚ich bin ja so toll und prominent' – Ekelpaket?", wurden sie von Jonas Weber beim Betreten des Büros empfangen.

Robert musste lachen. „Na, der hat ja bei euch allen einen bleibenden Eindruck hinterlassen."

„Und zwar keinen positiven", ergänzte Jonas Weber. „Aber mal Spaß beiseite – habt ihr denn irgendwas erfahren können?"

„Nicht wirklich viel", gab Tom zu. Plötzlich fiel ihm der schwarze SUV wieder ein. „Allerdings kam Hofbauer gerade nach Hause, als wir zu ihm wollten und jetzt ratet mal, was der für ein Auto fährt – einen schwarzen SUV."

„Das kann etwas bedeuten, muss aber nicht", gab Stefan Mahler zu bedenken. „Diese Autos gibt es wie Sand am Meer. Falls er damit etwas zu tun haben sollte, was wirklich sehr unwahrscheinlich ist, dann müssten wir DNA-Spuren am Auto sicherzustellen, um es zu beweisen. Und dafür bekommen wir, nur auf Grund einer vagen Vermutung und ohne einen auch nur annähernd handfesten Anhaltspunkt, keinen Durchsuchungsbefehl."

„Ich weiß", gab Tom zu. „Mir ist auch klar, dass das absolut aus der Luft gegriffen ist, aber es hätte so schön gepasst und mir gefiel der Gedanke, dass dieser Hofbauer etwas Schlechtes getan hat."

„Trotzdem habe auch ich den Eindruck, dass mit dem Mann etwas nicht stimmt", schaltete sich Robert ins Gespräch ein. „Als ich auf Frau Hansen zu sprechen kam, wirkte er für einen kurzen Moment fahrig und nervös, bevor er sich wieder im Griff hatte. Ich weiß, dass auch das leider nichts Handfestes ist und nichts beweist."

„Wir können nur hoffen, dass wir mit unserer Pressemitteilung den Täter aus der Deckung locken und dass er sich entweder im Krankenhaus sehen lässt, was schon außerordentlich dämlich wäre, oder anderweitig einen Fehler macht. Habt ihr Herrn Meierling gewarnt, dass er sich vorsehen soll?", fragte Mahler noch.

„Wirklich gewarnt haben wir ihn nicht", gab Frank Jörgens zu. „Als wir mit ihm gesprochen haben, kam natürlich die Rede darauf, dass die beiden anderen Autoren zu Schaden gekommen sind, aber eine Warnung in dem Sinne haben wir nicht ausgesprochen."

„Dann ruft ihn an und bittet ihn, auf jeden Fall ein wenig vorsichtig zu sein", beschied Mahler. „Ihr müsst ihm ja keine Angst einjagen oder ihn in Panik versetzen, aber er soll einfach ab und zu mal über seine Schulter sehen und vielleicht ellenlange einsame Wanderungen durch die Wildnis in den nächsten Tagen vermeiden."

Frank Jörgens stand direkt auf und ging ins Nebenbüro, um Werner Meierling zu informieren.

Robert trat vor die beiden großen Pinnwände, auf denen die Beamten in den letzten Wochen alle Informationen zusammengetragen hatten. Er ging ein paar Schritte zurück, legte den Kopf schräg und betrachtete die angehefteten Karten. Jonas Weber wollte etwas sagen, aber Tom warf ihm einen Blick zu und schüttelte fast unmerklich den Kopf. Er kannte seinen Stiefvater inzwischen gut genug, um zu wissen, dass man ihn in solchen Momenten nicht stören durfte. Doch hier kam auch Robert nicht weiter und nach einiger Zeit wandte er sich mit einem Kopfschütteln von der Tafel ab.

„Können wir mal unter vier Augen miteinander reden?", fragte Stefan Mahler an Robert gewandt. Sein Anliegen brannte ihm unter den Nägeln und auch wenn er sich fest vorgenommen hatte, Robert Kunz nicht mit seiner Idee zu überfallen, konnte er einfach nicht mehr länger warten.

„Natürlich", stimmte Robert ohne Zögern zu.

„Gehen wir in mein Büro."

Die anderen Kollegen warfen Tom fragende Blicke zu, die dieser allerdings nur mit einem Achselzucken beantworten konnte.

15. Juli 2018 – Montag, 11:45 Uhr

Koblenz. „Was gibt es denn so Geheimnisvolles zu besprechen?", fragte Robert ohne Umschweife und setzte sich auf den Stuhl gegenüber Mahlers Schreibtisch.

Stefan Mahler schaute ihn lange an und stieß dann die Luft aus. „Ich weiß nicht so recht, wie ich anfangen soll. Hat dein Sohn dir schon etwas erzählt von dem, was hier so in der letzten Zeit vorgefallen ist?"

„Er hat sich im Vertrauen einen Rat von mir geholt, bevor er zu dir gehen und mit dir sprechen wollte", erklärte er. „Viel hat er allerdings nicht erzählt, er wollte wohl dein Vertrauen nicht missbrauchen."

„Ein sehr anständiger und loyaler Junge", lobte Mahler. „Aber im Ernst, dann weißt du ja, dass es in meiner Familie ein paar sehr ernste Schwierigkeiten gibt."

„Wie geht es deiner Tochter jetzt?"

„Sie ist noch in der Kinderklinik wegen des Alkohol- und Drogenintoxes, wird aber in Kürze entlassen und wir haben großes Glück gehabt, dass wir einen Platz für einen direkt anschließenden Entzug bekommen haben."

„Das ist doch schon ein Riesenfortschritt." Robert war erleichtert, denn das, was Tom ihm von Mahlers Tochter erzählt hatte, war ihm nahegegangen. Es berührte ihn immer, wenn Jugendliche auf die schiefe Bahn gerieten.

„Weshalb ich nun eigentlich mit dir sprechen wollte, ist eine etwas heikle Angelegenheit", druckste Mahler. „Es geht darum, was wir machen, wenn meine Tochter aus der Entzugsklinik zurückkommt."

„Und wie kann ich dabei helfen?", fragte Robert völlig ahnungslos. „Wenn ich kann, unterstütze ich natürlich gerne."

„Ich habe meiner Frau versprechen müssen, dass sich etwas ändert und dass unsere Tochter dieses Mal auf jeden Fall vor dem Job kommt. Ich habe lange überlegt und mir fällt nur eine Lösung ein, wir müssen unsere Tochter aus diesem Umfeld rausnehmen und ihr einen

Neuanfang ermöglichen. Wenn wir weiter hier in Koblenz leben, wird sie die falschen Freunde, die sie in diese Situation gebracht haben, immer wieder treffen und schließlich können wir sie ja nicht den ganzen Tag überwachen. Ich habe aber nichts Anderes gelernt als Kriminalkommissar", fügte er mit einem etwas gequälten Lächeln an.

Robert verstand, in welche Richtung dieses Gespräch sich entwickelte. „Du möchtest eine Art Dienstpostentausch mit mir machen? Du gehst ins K9 nach Hannover und ich komme zum K11 hier?"

„Ja, und ich weiß auch, dass ich dich mit dieser Bitte völlig überrolle", gab Mahler unumwunden zu. „Du musst auch jetzt gar nichts dazu sagen, geschweige denn etwas entscheiden, ich würde dich nur bitten, in Ruhe über diese Option nachzudenken."

Robert atmete tief durch. „Ich muss auf jeden Fall mit meiner Frau darüber reden, schließlich hat sie in Hannover ja auch eine Stelle und das würde einen Umzug mit allen Konsequenzen bedeuten."

„Wie gesagt, es ist nur eine Idee, allerdings leider die einzige Idee, die ich im Moment für die Lösung unserer Probleme habe", sagte Mahler. „Lass es in Ruhe sacken, sprich mit deiner Familie. Ich habe meiner Frau übrigens noch nichts von dieser Idee gesagt, ich will ihr keine Hoffnung machen, wenn es dann doch nicht klappt."

„Ich werde in Ruhe darüber nachdenken und mit meiner Familie reden", versprach Robert. Dann lächelte er und fügte hinzu: „Wobei mir Koblenz bis jetzt schon sehr gut gefällt." Plötzlich schob sich die Erinnerung an das Gespräch mit Anna vor eineinhalb Wochen vor sein inneres Auge.

15. Juli 2018 – Montag, 17:00 Uhr

Westerwald. Als er vom Mülleimer zurückkam, fiel im Vorbeigehen sein Blick auf die Zeitung, die er heute Vormittag nur aus der Zeitungsrolle geholt und nach einem kurzen Blick auf die Titelseite auf die Ablage im Flur gelegt hatte. Ein freundlicher Nachbar legte sie ihm immer in die Zeitungsrolle, wenn er sie gelesen hatte.

Er nahm sie mit in die Küche, stellte den Papiermülleimer an seinen Platz unter der Arbeitsplatte und setzte sich mit einer Apfelsaftschorle an den Tisch, um die Zeitung in Ruhe zu lesen. Dieser Moment gehörte zu den wenigen in seinem Leben, in denen es sich anfühlte, als sei alles ganz normal – wie bei jedem anderen Menschen.

Er las die Zeitung Seite für Seite sehr sorgfältig vom globalen Teil bis zu den Lokalnachrichten aus den einzelnen Regionen. Sein Blick blieb an einer Pressemitteilung hängen.

„Puderbach/Koblenz. Am Montag, den 08. Juli 2018 gegen 16:30 Uhr kam es auf der Hauptstraße in Puderbach auf dem Zebrastreifen vor der Verbandsgemeindeverwaltung zu einem schweren Unfall. Eine Mitarbeiterin der Verwaltung wurde beim Überqueren des Zebrastreifens von einem heranfahrenden dunklen SUV erfasst und erlitt gravierende Verletzungen. Der Fahrer des SUV beging Fahrerflucht. Der ADAC-Rettungshubschrauber flog die Schwerverletzte ins Bundeswehrzentralkrankenhaus nach Koblenz, wo sie sofort notoperiert werden musste. Die verletzte Frau wurde nach dem Aufwachen bereits von der Polizei befragt. Sie kann sich an einige Einzelheiten erinnern.

Im Zusammenhang mit diesem Unfall werden weitere Zeugen gesucht, die Auskunft zum Unfallhergang oder dem Unfallverursacher geben können. Sachdienliche Hinweise nimmt die Polizeiinspektion Straßenhaus entgegen. (PM)"

Ungläubig las er die Meldung ein zweites und ein drittes Mal. Das konnte doch nicht wahr sein. Oder bildete er sich jetzt etwas ein und hatte schon Hirngespinste? Hofbauer fuhr einen dunklen SUV und er war mit seinem Wagen in der Werkstatt gewesen. Plötzlich erinnerte er sich an das Stück Plastik, welches er auf der Einfahrt gefunden hatte. Sollte er damit zur Polizei gehen? Besser nicht, denn dann würde er auch erklären müssen, woher er das Teil hatte und was er auf Hofbauers Grundstück gemacht hatte.

Er nahm die kleine Tüte von der Anrichte und drehte sie zwischen seinen Fingern hin und her. Er konnte es aber auch nicht ignorieren. Wenn Hofbauer etwas damit zu tun hatte, wo auch immer das Motiv dafür liegen sollte, dann wäre das die Gelegenheit, ihn ans Messer zu liefern. Selbst wenn es ein Unfall gewesen war, blieben immer noch schwere Körperverletzung und Fahrerflucht. Er überlegte noch eine Weile. Dann öffnete er eine Tür des Küchenschranks und nahm einen DIN A5-Umschlag, einen Notizblock und einen Kugelschreiber heraus. Mit ungelenken Buchstaben schrieb er in Blockschrift auf den Zettel:

„DIESES STÜCK PLASTIK HAT EVENTUELL MIT DEM UNFALL AM 08.07. IN PUDERBACH ZU TUN. ES STAMMT WAHRSCHEINLICH VOM SCHWARZEN SUV EINES HERRN HOFBAUER AUS DER NÄHE VON RANSBACH-BAUMBACH."

Eine Weile drehte er den Zettel noch in seinen Händen, entschied sich dann aber, dass er nicht mehr schreiben würde, und steckte ihn zusammen mit dem Tütchen in den Umschlag, den er an die Polizeiinspektion Straßenhaus adressiert hatte. Die Polizei durfte ruhig auch ein wenig arbeiten. Morgen würde er ihn zur Post bringen.

Koblenz. Robert betrat die Ferienwohnung, in der Anna und er es sich in den letzten Tagen gemütlich gemacht hatten. Auf dem Tisch standen ein fertig befülltes Brett mit verschiedenen Käsesorten, daneben ein Korb mit einem aufgeschnittenen Baguette und eine Flasche Roséwein mit zwei Gläsern.

Anna hatte das Türschloss gehört und drehte sich zu ihm um. „Du kommst genau richtig. Sollen wir auf dem Balkon essen oder willst du lieber drinbleiben?"

„Lass uns doch die schöne Sonne und den Blick aufs Wasser noch genießen", antwortete Robert. „Wo hast du denn den Wein her?"

Anna grinste breit. „Während du mit unserem Sohn Detektiv gespielt hast, war ich mit Pauline und Wolle in den Weinbergen um Winningen spazieren und natürlich sind wir auf dem Rückweg noch bei einem Winzer vorbeigekommen und da habe ich uns ein bisschen Wein zum Probieren mitgenommen."

Robert schlang die Arme um seine Frau und küsste sie. „Du bist die Allerbeste. Los, raus auf die Terrasse und lass uns die Sonne und den Wein genießen."

Eine Weile aßen und tranken sie schweigend und sahen dem Fluss zu, wie er sich durch sein Bett schlängelte und sich die untergehende Sonne in den Wellen brach.

„Es ist wirklich schön hier", seufzte Anna und lehnte den Kopf an Roberts Schulter, nachdem sie den letzten Schluck Wein aus ihrem Glas getrunken hatte.

„Ich glaube, ich muss dir mal was erzählen", begann Robert vorsichtig.

„Wo drückt denn der Schuh?", fragte seine Frau.

Er wusste, dass er ihr nichts vormachen konnte. „Stefan Mahler, der Leiter des Dezernates, hat mich heute zu einem Gespräch unter vier Augen gebeten."

Anna schaute ihn überrascht an, sagte jedoch nichts.

„Mahlers Tochter ist an die falschen Freunde geraten und mit Drogen in Kontakt gekommen. Das hatte Tom ja schon mitbekommen und ihn dann gewarnt. Trotzdem ist seine Tochter kurz darauf völlig zugedröhnt aufgefunden und in die Kinderklinik gebracht worden. Von der Klinik aus geht sie direkt in einen Entzug, den Platz haben sie Gott sei Dank auf kleinem Dienstweg bekommen", fuhr Robert fort.

„Und was hat das mit dir zu tun?"

„Nun, er hat Angst, dass seine Tochter nach dem Entzug wieder an diese Leute gerät, wenn sie weiter hier zur Schule geht."

So langsam dämmerte Anna, wo dieses Gespräch hinführen würde, trotzdem erwiderte sie nichts. Sollte er ruhig ein bisschen zappeln und sich winden.

„Nun, ", druckste Robert, „er möchte seine Tochter auch nicht in ein Internat schicken. Seine Idee war, dass er mit der ganzen Familie aus Koblenz weggeht. Und da hat er mich gefragt ..."

„Ob du seine Stelle hier übernehmen willst?", platzte es jetzt doch aus Anna heraus.

„Ja", antwortete Robert lakonisch. Was hätte er auch sonst sagen sollen?

„Puh, das ist aber keine Kleinigkeit", sagte seine Frau. Er war schon froh, dass sie ihn nicht rundheraus fragte, ob er nicht mehr alle Tassen im Schrank habe.

Er legte den Arm um seine Frau und sie schauten wieder aufs Wasser. „Was denkst du denn überhaupt darüber?", brachte er das Thema nochmal auf den Tisch.

Anna überlegte. „Ich weiß es ehrlich gesagt nicht. Ich weiß, dass du schon in Hannover über einen Tapetenwechsel nachgedacht hast, Tom ist aus dem Haus, aber ich finde trotzdem, dass das ein großer Schritt ist, den wir uns sehr gut überlegen sollten. Was ist mit meinem Job?"

„Da finden wir doch eine Lösung. Du weißt, dass du überhaupt nicht arbeiten musst."

„Aber ich mag meinen Job und möchte nicht nur Hausfrau sein", widersprach Anna. „Lass uns die paar Tage, die wir hier sind, in Ruhe darüber nachdenken, ob so etwas für uns in Frage kommt oder nicht. Das ist ja auch nicht einfach nur Koffer packen und wegfahren. Wir müssen hier eine neue Bleibe haben, unser Haus in Hannover aufgeben und was ist, wenn Mahler nach einem halben oder einem Jahr plötzlich doch lieber wieder in seine Heimat zurück möchte."

„Gut, wir denken darüber nach und dann entscheiden wir gemeinsam, ob wir den Vorschlag annehmen oder nicht. Das muss ja auch auf Dienststellenebene geklärt werden."

Als die Sonne unterging und es am Wasser deutlich kühler wurde, gingen sie in die Ferienwohnung und legten sich schlafen. Während Robert nach diesem ereignisreichen Tag ziemlich schnell in einen tiefen, traumlosen Schlaf fiel, lag Anna noch lange wach und alle möglichen Szenarien geisterten durch ihren Kopf.

17. Juli 2018 – Mittwoch, 09:30 Uhr

Straßenhaus. „Guten Morgen." Der Postbote betrat den Eingangsbereich der Polizeiinspektion in Straßenhaus und legte einen Stapel Briefe auf die Theke.

„Vielen Dank und einen schönen Tag noch", erwiderte die junge Beamtin, die heute den Dienst am Empfang versah. Sie nahm den Stapel Briefe und verteilte die persönlich adressierten Schreiben in die Postfächer. Einige blieben übrig, unter anderem ein DIN A5-Umschlag, in dem etwas Hartes war. Sie drehte und wendete den Umschlag und entschloss sich dann, ihn zum Leiter der Dienststelle zu bringen.

„Herein", meldete sich der Chef, als sie angeklopft hatte.

„Guten Morgen." Sie betrat das Büro und zeigte ihm den Briefumschlag. „Der kam gerade mit der Post – kein Absender und es ist irgendetwas Hartes darin."

„Vielen Dank, legen Sie ihn vorne auf den Tisch, ich sehe ihn mir gleich an."

Er schrieb den Absatz seines Berichtes zu Ende und stand dann auf, um sich den Umschlag zu holen. Mit dem Brieföffner schlitzte er den Umschlag auf und schüttete den Inhalt auf seinen Schreibtisch. Heraus glitten die Tüte mit dem abgebrochenen Plastikteil und der Zettel. Vorsichtig schob er mit dem Brieföffner die Tüte zur Seite und las den Zettel. An den Unfall in Puderbach vor knapp zwei Wochen konnte er sich gut erinnern. Er suchte sich im Dienstrechner den Bericht dazu heraus. Dort gab es auch einen Verweis zum ermittelnden Dezernat bei der Kripo. Er nahm sein Telefon und rief bei Stefan Mahler in Koblenz an.

Koblenz. „Mahler, K11", meldete sich der Dezernatsleiter. Er hörte eine ganze Weile zu, was der Kollege am anderen Ende der Leitung zu sagen hatte und antwortete dann: „Vielen Dank, dass Sie mich so schnell angerufen haben. Ich schicke Ihnen sofort zwei Kollegen, die den Umschlag abholen und in die KTU bringen."

Er lehnte sich in seinem Schreibtischstuhl zurück und schöpfte zum ersten Mal seit Tagen neue Hoffnung. Das hier sah ganz danach aus, als würden sie mit ihren Ermittlungen endlich einen großen Schritt nach vorne gehen. Er verließ sein Büro und suchte Jonas Weber.

„Ich habe gerade einen Anruf von der Polizeiinspektion in Straßenhaus bekommen", sagte er zu Jonas Weber. „Dort ging heute Morgen mit der Post ein anonymer Hinweis ein – ein Umschlag mit einem abgesplitterten Stück Plastik und einem Zettel, dieses Plastik könne mit dem Unfall in Puderbach zu tun haben."

Alle im Büro wurden sofort hellhörig.

„Fahr zusammen mit Tom nach Straßenhaus, hol den Umschlag ab und bring alles sofort in die KTU", wies Mahler weiter an. „Ich rufe in der Zwischenzeit in der KTU an und bitte darum, dass die sich das heute noch vornehmen. Vielleicht gibt es DNA-Spuren, Haare oder Blut von Frau Hansen daran und die sollen alles auch nach Fingerabdrücken untersuchen. Also denkt dran, dass ihr die Beweise nur noch mit Handschuhen anfasst."

Jonas Weber nickte und verließ direkt mit Tom, der alles mitgehört hatte, den Raum.

„Da bin ich echt mal gespannt, was das für ein Hinweis ist", sagte Tom zu Jonas Weber, als die beiden in den Dienstwagen stiegen und sich auf den Weg nach Straßenhaus machten.

17. Juli 2018 – Mittwoch, 10:15 Uhr

Straßenhaus. Tom und Jonas Weber betraten die Polizeiinspektion in Straßenhaus. Weber zeigte seinen Dienstausweis und sie wurden sofort zum Dienststellenleiter vorgelassen.

„Guten Morgen, Jonas Weber vom K11 in Koblenz und das ist unser Praktikant Tom Kunz", stellte Weber sie beide vor. „KHK Mahler schickt uns, den Umschlag mit dem Beweis abzuholen."

„Morgen, na das ging aber schnell", begrüßte sie der Dienststellenleiter und deutete mit dem Kopf in Richtung der Gegenstände, die auf seinem Schreibtisch lagen. „Ich habe nur den Umschlag angefasst, aber den hatten ja auch mehrere Leute bei der Post in der Hand."

Jonas Weber zog sich die Einmalhandschuhe an und schob den Zettel und das Tütchen vorsichtig zurück in den Umschlag. Dann zog er eine zweite Tüte aus der Jackentasche und steckte den Umschlag hinein.

„Vielen Dank, dass Sie so schnell Bescheid gegeben haben", bedankte er sich bei dem Leiter der Dienststelle. „Wir bringen alles so schnell wie möglich zur KTU und lassen es dort untersuchen. Es wäre der erste verwertbare Hinweis in dieser Geschichte. Bis jetzt gibt es so gut wie keinen Anhaltspunkt, wer ein Motiv für diesen Anschlag haben könnte."

„Wie geht es denn der verletzten Dame?"

„Sie hat mit viel Glück überlebt und befindet sich auf dem Weg der Besserung. Allerdings stehen ihr noch einige Eingriffe und eine lange Reha bevor, bevor sie wieder vollständig hergestellt ist", beantwortete Tom die Frage.

„Hauptsache, sie hat überlebt", seufzte der Dienststellenleiter. „Was ist das nur für eine Welt, in der wir leben. Nur noch Hass, Gewalt und Zerstörung und man kann noch nicht einmal was dagegen unternehmen, weil einem von allen Seiten Steine in den Weg gelegt werden."

„Noch einmal vielen Dank und Ihnen noch einen ruhigen Dienst", wünschten Tom und Jonas beim Hinausgehen.

„So, auf zurück nach Koblenz zur KTU", sagte Jonas Weber, als er den Wagen anließ.

„Hast du den Zettel gelesen?", fragte Tom auf dem Weg. „Da stand drauf, dass dieses Stück Plastik wahrscheinlich von Hofbauers SUV stamme. Und Hofbauer fährt einen dunklen SUV mit WW-Kennzeichen. Das würde dann bedeuten, dass der saubere Kommissar nicht so sauber ist, wie er immer tut und möglicherweise eine ganze Menge Dreck am Stecken hat."

„Stimmt, da habe ich noch gar nicht dran gedacht", gab Jonas Weber zu. „Aber wo ist das Motiv? Die beiden haben das Buchprojekt gemacht, Hofbauer hat sie über den Tisch gezogen. Also hätte doch eher sie das Motiv, ihm etwas anzutun und nicht umgekehrt."

„Das ist schon richtig", antwortete Tom. „Trotzdem bleibe ich dabei, dass der Typ nicht ganz sauber ist... und das liegt nicht nur daran, dass ich ihn auf den Tod nicht ausstehen kann."

Jonas Weber erwiderte nichts, konnte sich ein Grinsen aber nicht verkneifen.

17. Juli 2018 – Mittwoch, 16:30 Uhr

Koblenz. Das Telefon auf Stefan Mahlers Schreibtisch klingelte. Er nahm sofort ab, als er sah, dass es die Nummer der KTU Koblenz war.

„Mahler", meldete er sich. „Habt ihr schon was?"

Aufmerksam hörte er seinem Gegenüber am anderen Ende der Leitung zu, ab und zu zuckte ein kleines Lächeln über sein Gesicht.

„Das ist ja hochinteressant", sagte er dann. „Und ihr seid euch ganz sicher, dass das Blut von unserem Opfer stammt?"

Die Antwort stellt ihn hochzufrieden, doch der KTU-Mitarbeiter hatte noch etwas herausgefunden, was er Mahler jetzt mitteilte. Mahler zog sich einen Zettel heran und notierte den Namen, den der Mitarbeiter ihm sagte. Er bedankte sich und legte auf. Dann gab er den Namen in die Datenbank der Polizei ein und pfiff kurz darauf durch die Zähne.

„Na, das ist ja mal ein dickes Ding", bemerkte er hochzufrieden, machte sich einige weitere Notizen und betrat dann das Gemeinschaftsbüro.

„Gute Nachrichten, meine Herrschaften", sagte er und wedelte mit dem Zettel. „Ich weiß, es ist kurz vor Feierabend, aber die KTU hat Wort gehalten und sich direkt mit dem Umschlag von heute Morgen befasst. Und jetzt haltet euch fest, an dem abgesplitterten Stück Kunststoff befindet sich tatsächlich Blut von Silvia Hansen."

Er blickte in die Runde und ließ die große Neuigkeit erst einmal sacken.

„Auch wenn der anonyme Briefeschreiber behauptet, das Teil sei von Hofbauers SUV, müssen wir das trotzdem erst einmal zweifelsfrei beweisen, sollte es so sein."

„Hofbauer wird kaum mit einem zersplitterten Kühlergrill oder einer beschädigten Stoßstange durch die Gegend fahren, wenn er etwas mit diesem Anschlag zu tun hat", gab Robert zu bedenken, der nachmittags auf einen kleinen Besuch hereingeschaut hatte, nachdem Tom ihm mittags von dem neu aufgetauchten Beweisstück erzählt hatte. „Er wird also wahrscheinlich das beschädigte Teil umgehend ausgetauscht haben und dazu wird er keinen großen Vertragshändler aufgesucht haben. Wir müssen also, nein, ihr müsst", verbesserte er sich schnell, „die kleinen Werkstätten in der Umgebung abklappern und herausfinden, ob eine von ihnen seinen Wagen zur Reparatur hatte."

„Es gibt aber noch etwas." Man konnte Mahler ansehen, dass ihn das Ermittlungsfieber durch und durch gepackt hatte. „Die KTU hat natürlich auch die Tüte, in die das Plastikteil eingepackt war und den Zettel auf Fingerabdrücke und DNA-Spuren untersucht. Und ihr werdet es nicht glauben, die Fingerabdrücke waren in unserer Datenbank. Sie gehören einem Peter Rothenbaum aus Vielbach im Westerwald."

„Und der hat jetzt genau was mit unserem Fall zu tun?", fragte Frank Jörgens mit völlig ahnungslosem Gesichtsausdruck.

„Ich habe seinen Namen in unseren Polizeicomputer eingegeben und jetzt haltet euch fest. Rothenbaum ist vor drei Monaten nach Verbüßung einer 12-jährigen Haftstrafe wegen Totschlags auf Grund guter Führung aus dem Gefängnis entlassen worden. Er hatte im Prozess bis zum letzten Tag seine Unschuld beteuert, aber der Richter schenkte nicht seiner Aussage Glauben, sondern der von Kommissar Hofbauer."

Absolute Stille senkte sich über den Raum. Plötzlich begann alles, einen Sinn zu ergeben.

„Das ist ja ein Ding", platzte es aus Tom heraus.

„Frank, wir beide fahren jetzt zu Hofbauer und nehmen ihn in die Mangel", entschied Mahler. „Und Jonas, du fährst mit Robert und Tom zu Rothenbaum und ihr unterhaltet euch mal mit ihm. Die Adresse habe ich euch schon aufgeschrieben."

Alle machten sich sofort auf den Weg.

17. Juli 2018 – Mittwoch, 17:30 Uhr

Westerwald. Stefan Mahler stellte den Dienstwagen vor der Einfahrt zu Hofbauers Haus ab. Die beiden Kommissare warfen sich einen kurzen Blick zu und stiegen nach einem Nicken aus. Sie klingelten bei Hofbauer, der kurz darauf öffnete.

„Mahler und Jörgens vom K11", begann Mahler, ohne Zeit für eine Begrüßung zu verschwenden. Er hielt Hofbauer den Ausweis direkt vor die Nase, der unwillkürlich einen Schritt zurückwich, sich aber rasch wieder fing.

„Was wollen Sie denn schon wieder hier?", fragte er unfreundlich.

„Dürfen wir hereinkommen? Wir würden das ungern mit Ihnen auf der Straße besprechen." Ohne eine Antwort abzuwarten, gingen sie auf Hofbauer zu, der ins Haus zurückwich.

„Was fällt Ihnen ein?", blaffte dieser.

„Das könnten wir wohl eher sie fragen", fuhr Mahler unbeirrt fort. „Uns wurde ein abgesplittertes Stück aus Kunststoff zugeschickt, an dem sich Blutspuren von Frau Hansen befinden. Und der Absender dieses Teils behauptet, es stamme von ihrem Auto."

Hofbauer erbleichte, fuhr aber dann die beiden Beamten an: „Und nur weil irgendjemand behauptet, ein mysteriöses Teil sei von meinem Auto, schlagen Sie hier auf und verdächtigen mich? Schon mal darüber nachgedacht, dass das derselbe behaupten könnte, der mich bedroht und hier Fensterscheiben einschmeißt? Statt vernünftig zu ermitteln, unterstellen Sie mir einfach, ich würde Leute umfahren."

„Sind Sie jetzt fertig?", fragte Mahler mit einem Unterton, der alles zu Eis gefrieren ließ. „Im Gegensatz zu Ihren Behauptungen ermitteln wir sorgfältig und in alle Richtungen. Aber wenn das alles ja so aus der Luft gegriffen ist, dann macht es Ihnen ja sicherlich nichts aus, uns Ihren Wagen zu zeigen."

In Hofbauers Gehirn ratterte es. Konnte er es wagen, mit den Polizisten in seine Garage zu gehen, wo immer noch, wenn auch gut versteckt, der zerstörte Kühlergrill lag? Lehnte er es aber ab, machte er sich weiter verdächtig.

„Selbstverständlich, kein Problem", antwortete er. „Wenn Sie draußen warten wollen, fahre ich Ihnen den Wagen aus der Garage in die Einfahrt."

„Sie müssen den Wagen nicht extra rausfahren, wir gehen einfach mit Ihnen in die Garage", erwiderte Mahler.

„Ich fahre den Wagen raus", beeilte sich Hofbauer zu sagen. „In der Garage ist das Licht defekt, da können Sie nichts sehen."

‚Warum auf einmal so freundlich?', dachte sich Mahler, sagte aber nichts.

Sie gingen zur Haustür, Hofbauer ging durch einen Nebeneingang im Flur in seine Garage. Das Tor fuhr hoch, Hofbauer kam rückwärts auf die Einfahrt gefahren und stieg aus. Das Garagentor schloss er mit dem Drücker sofort wieder.

„So bitte schön, schauen Sie sich meinen Wagen an. Er ist völlig in Ordnung." Großzügig und mit einer ausladenden Geste zeigte Hofbauer auf seinen Wagen.

Mahler und Jörgens umrundeten den Wagen einmal, als sie vorne ankamen, betrachteten sie sich die Front einmal ganz genau.

„Sind Sie jetzt zufrieden?", fragte Hofbauer. „Ich würde nämlich gerne noch etwas einkaufen fahren."

Mahler und Jörgens warfen sich einen kurzen Blick zu. Hier würden sie heute Abend nicht mehr weiterkommen.

„Bitte, wir wollen Sie nicht weiter aufhalten", sagte Mahler ungerührt.

Vielbach. Jonas Weber, Robert und Tom fuhren die kleine Hauptstraße durch den Ort entlang.

„Schau mal, Hausnummer 8, da muss es sein." Tom zeigte auf ein Haus auf der rechten Straßenseite.

Neben einem gepflegten Hauseingang befand sich seitlich eine Tür zu einer Souterrain-Wohnung. Sie klingelten an der Haustür bei „Meier". Eine circa 35-jährige Frau öffnete und schaute die Beamten fragend an.

„Was kann ich für Sie tun?", fragte sie mit hochgezogenen Augenbrauen.

„Wir suchen Herrn Rothenbaum, wir sind von der Polizei", erklärte Jonas Weber. „Wir wollen ihm nur ein paar Fragen stellen, wir hoffen, dass er uns bei einer Ermittlung unterstützen kann."

„Herr Rothenbaum ist unser Mieter, er wohnt in der Einliegerwohnung. Der Eingang befindet sich rechts neben der Treppe."

„Vielen Dank und machen Sie sich keine Sorgen, es ist alles in Ordnung."

Sie gingen die Treppe hinunter und klingelten an der Nebeneingangstür. Ein gepflegter Mann von ungefähr 50 Jahren öffnete und schaute die Kommissare an. „Ja bitte?"

„Jonas Weber vom K11, das sind meine Kollegen Robert und Tom Kunz", stellte der junge Kommissar sich und seine Begleiter vor. „Wir würden Ihnen gerne ein paar Fragen zu einer aktuellen Ermittlung stellen."

„Kommen Sie doch bitte herein. Wie haben Sie mich denn so schnell gefunden?", fragte Peter Rothenbaum dann.

„Wie gefunden? Wir haben Sie gar nicht gesucht", antwortete Jonas Weber etwas verwirrt.

„Es geht aber doch um Kommissar Hofbauer?", vergewisserte sich Rothenbaum.

„Ja, es geht um den Hinweis mit dem Kunststoff-Bruchstück und dem Brief, den Sie der Polizeiinspektion Straßenhaus anonym haben zukommen lassen. Auf der Tüte waren Ihre Fingerabdrücke, die ja wegen der Vorstrafe bei uns im System hinterlegt sind. Können Sie uns sagen, wie Sie darauf kommen, dass Kommissar Hofbauer etwas mit dem Anschlag zu tun hat?"

„Nehmen Sie doch Platz. Na gut, dann sage ich Ihnen jetzt alles. Ich wollte mich mit der Schmiererei und den anonymen Anrufen an Hofbauer rächen. Er hat mit seinem vorschnellen Urteil und der dementsprechenden Aussage mein Leben zerstört. Ich hatte mit der Toten nichts zu tun, ich war einfach nur zur falschen Zeit am falschen Ort und hatte kein Alibi. Aber zurück zu Ihrer Frage, ich habe die Pressemitteilung am Montagabend in der Zeitung gelesen, ein paar Tage vorher hatte ich, als ich vor Hofbauers Tür stand, zufällig das abgebrochene Stück Plastik gefunden. Ich habe es eingesteckt und mit nach Hause genommen, ohne mir wirklich etwas dabei zu denken. Erst als ich Hofbauer zufällig vor der Werkstatt in Ransbach-Baumbach gesehen habe und die Pressemitteilung gelesen habe, ist es mir wieder in den Sinn gekommen. Ich wollte einfach verhindern, dass er schon wieder mit allem davonkommt, aber ich konnte ja auch schlecht einfach zur Polizei gehen und so etwas behaupten. Hofbauer hätte mich fertiggemacht, wenn ich mit meiner Vermutung nicht Recht gehabt hätte. So, jetzt wissen Sie alles und können mich wieder verhaften", fügte er resigniert und mit hängenden Schultern hinzu.

„Wieso sollten wir Sie verhaften?", fragte Jonas Weber. „Sie haben uns einen wichtigen Hinweis geliefert, um diesen furchtbaren Anschlag aufzuklären."

„Aber die beschmierte Garage, die Anrufe und das andere?", fragte Peter Rothenbaum.

„Das sehen wir dann später. Sie haben eine Sachbeschädigung begangen, dafür müssen Sie wahrscheinlich mit einer Geldbuße oder entsprechender Sozialarbeit rechnen. Mehr wird da nicht kommen. Außerdem sind Sie vollumfänglich geständig und haben einen wichtigen Hinweis für die Aufklärung eines Kapitalverbrechens geliefert", beruhigte Jonas Weber den Mann.

Er schaute Tom an. „Ruf mal bitte die beiden Kollegen an und erzähl ihnen, was wir hier rausgefunden haben. Sie sollten das wissen, wenn sie noch bei Hofbauer sind."

Tom nickte und stand auf. „Ich gehe kurz raus und telefoniere."

Westerwald. Sie stiegen in ihren Wagen und kaum hatten sie die Türen geschlossen, sagte Frank Jörgens: „Der Kühlergrill an seinem Auto ist nagelneu, der wurde ausgetauscht, hundert Pro. Deswegen wollte er auch nicht, dass wir die Garage betreten. Garantiert liegt der zerstörte Kühlergrill dort noch irgendwo. Verdammt, wir brauchen einen Durchsuchungsbefehl für die Garage und das Haus, bevor er das Ding wegschafft. Jetzt ist er gewarnt und wird den Beweis so schnell wie möglich irgendwo entsorgen."

Mahler nickte grimmig und betätigte dann den Knopf für die Freisprecheinrichtung: „Richter Frank Marker", sagte er klar und deutlich, woraufhin das Gerät sofort zu wählen begann.

„Marker", meldete sich eine Stimme.

„Hallo Frank, hier ist Stefan Mahler. Ich habe eine Bitte an dich, es ist wirklich wichtig und dringend."

„Gut, was brauchst du?", fragte Marker amüsiert, „Und muss ich Angst haben, dafür meine Karriere aufs Spiel zu setzen?"

„So schlimm ist es nicht, wir haben nur Bedenken, dass unser Verdächtiger das entscheidende Beweisstück jetzt verschwinden lässt. Allerdings geht es um einen ehemaligen Beamten der Mordkommission – Hofbauer –, von daher ist sie Sache ein wenig heikel."

„Du bist ja lustig. Und worauf genau soll der Durchsuchungsbefehl beruhen? Auf Bauchgefühl? Wie soll ich das denn begründen?"

„Ich weiß es noch nicht genau", musste Mahler zugeben. „Aber unsere Kollegen gehen gerade einer anderen Spur nach, es kann sein, dass ich dir gleich schon mehr sagen kann. Tu mir den Gefallen und bereite den Durchsuchungsbeschluss vor, ich melde mich direkt, sobald ich mehr weiß."

Er beendete das Gespräch und schaute Frank Jörgens an. „Recht hat er ja, hoffen wir mal, dass die Kollegen bei diesem Herrn Rothenbaum etwas herausfinden. Was machen wir jetzt? Warten?"

Er hatte den Satz noch nicht ganz zu Ende gesprochen, als sein Handy sich meldete und als Gesprächspartner Tom Kunz anzeigte. Mahler nahm den Anruf an und drückte auf Lautsprecher.

„Wir sind hier gerade bei Herrn Rothenbaum", hörten sie Toms Stimme. „Jonas meinte, ich soll euch schnell informieren, dass Herr Rothenbaum das Plastikteil bei Hofbauer vor der Tür gefunden hat. Er meinte, das könnte für euch wichtig sein."

„Vielen Dank, das hat uns in der Tat gerade sehr viel weitergeholfen. Wir sehen uns später."

„Jetzt haben wir ihn", sagte Mahler triumphierend. Er wählte erneut die Nummer von Richter Marker.

„Du schon wieder", ertönte der warme Bariton des Richters.

„Ja, und jetzt habe ich etwas, was den Durchsuchungsbeschluss rechtfertigt." Man konnte Mahler die Zufriedenheit förmlich anhören. „Meine Kollegen haben gerade angerufen und sie haben die Aussage, dass das Plastikteil mit den Blutspuren auf Hofbauers Grundstück gefunden wurde. Wir vermuten, dass der beschädigte Rest in Hofbauers Garage liegt. Und, was sagst du jetzt?"

„Gut", gab Marker klein bei. „In einer halben Stunde hast du den Durchsuchungsbeschluss auf deinem Handy. Reicht dir das?"

„Ja, vielen Dank, du hast was gut bei mir", antwortete Mahler, hielt den Wagen an und drehte, um wieder zurück zu Hofbauers Adresse zu fahren.

Ein paar Minuten später hielten sie erneut in der Straße vor Hofbauers Haus. Der dunkle SUV stand noch auf der Einfahrt, so eilig schien Hofbauer es wohl doch nicht mehr gehabt zu haben.

„Und jetzt? Warten wir oder gehen wir klingeln?", fragte Frank Jörgens.

„Wir klingeln und konfrontieren ihn mit unserem Verdacht. Währenddessen kann er zumindest nichts mehr unternehmen und das Beweisstück verschwinden lassen."

Sie stiegen aus und klingelten erneut bei Hofbauer. Nichts rührte sich. Sie klingelten noch einmal.

„Der ist garantiert in der Garage", vermutete Mahler. „Gut, dann warten wir eben hier vor der Tür, bis der Durchsuchungsbeschluss da ist oder er aus der Tür kommt."

Sie traten ein paar Schritte zurück an den Rand der Einfahrt und beobachteten die Eingangstür und die Garage. Nach einigen Minuten vibrierte Mahlers Handy und zeigte den Eingang einer E-Mail an.

„Der Durchsuchungsbeschluss", skandierte dieser zufrieden nach einem Blick auf das Display.

„Da tut sich etwas", sagte Jörgens und zeigte auf die Haustür, hinter deren Milchglas eine Bewegung zu sehen war.

Sie gingen noch einige Schritte zur Seite, damit Hofbauer sie nicht sofort sehen konnte. Die Tür öffnete sich und Hofbauer kam heraus. Er sah sich um und wollte an den Kofferraum seines Wagens gehen, als die beiden Kommissare auf ihn zutraten.

„Wohin so eilig?", fragte Mahler.

Hofbauer fuhr herum wie von der Tarantel gestochen. Er ließ die Überreste des Kühlergrills fallen und für den Bruchteil einer Sekunde sah es aus, als wolle er fliehen. Doch er sah die Aussichtslosigkeit seines Unterfangens schnell ein und stand einfach nur noch mit hängenden Armen da.

„Herr Hofbauer, ich nehme Sie hiermit wegen des Verdachtes der vorsätzlichen, gefährlichen Körperverletzung zum Nachteil von Frau Silvia Hansen fest. Alles, was Sie ab jetzt sagen, kann gegen Sie verwendet werden. Aber der Spruch ist Ihnen ja hinreichend bekannt."

Mahler und Jörgens nahmen ihn in die Mitte und führten ihn zum Auto.

Vielbach. Tom kam nach seinem Telefonat zurück. „Alles erledigt", sagte er.

„Und was wird jetzt aus mir?", fragte Peter Rothenbaum kleinlaut.

„Erstmal nichts", beruhigte ihn Jonas Weber. „Wir würden Sie allerdings bitten, morgen früh um 10 Uhr zu uns ins K11 zu kommen, um dort ihre Aussage zu machen. Der Rest wird sich finden."

Sie verabschiedeten sich und machten sich zügig auf den Weg zurück nach Koblenz. Die Vernehmung von Hofbauer wollte keiner von ihnen verpassen.

17. Juli 2018 – Mittwoch, 18:45 Uhr

Koblenz. Die Vernehmung von Hofbauer dauerte nicht lange. Er war zu lange selbst bei der Kripo gewesen, um zu wissen, wann er ein Spiel verloren hatte. Er gestand den Mord an Johannes Köhler und den Mordversuch an Silvia Hansen. Viel Reue zeigte er nicht.

Nach seinen Motiven gefragt, antwortete er: „Nach dem ersten anonymen Schreiben mit den Worten ‚Die Wahrheit kommt ans Licht‘ bin ich davon ausgegangen, dass einer meiner Co-Autoren sich rächen will, weil ich den Ruhm für die gemeinsamen Buchprojekte allein eingestrichen habe. Wobei das so auch gar nicht ganz richtig ist", fügte er ein wenig trotzig hinzu. „Die Leute wollten die Geschichten von mir erzählt bekommen, schließlich war ich ja auch derjenige, der sie erlebt hat. Und die anderen hätten gar nichts zum Aufschreiben gehabt, wenn ich ihnen nicht von meinen alten Fällen erzählt hätte."

Mahler, der die Vernehmung leitete, starrte Hofbauer entgeistert an. „Und deswegen bringen Sie jemanden um? Wegen des bisschen Ruhms und der Aufmerksamkeit in der Presse? Ich kann Ihnen aber eins versichern – Aufmerksamkeit werden Sie jetzt mehr bekommen als Sie je mit allen Ihren Büchern bekommen hätten."

„Haben Sie wenigstens den Verbrecher, der mich bedroht hat und die Sachbeschädigung an meinem Haus verursacht hat?", wollte Hofbauer wissen.

„Wir haben ihn", antwortete Mahler mit einer Stimme, die so kalt war, dass es fast greifbar im Raum klirrte. „Aber ich garantiere Ihnen, dass Ihr Haus Sie auch nicht weiter kümmern muss, denn es werden viele Jahre vergehen, bis Sie es wiedersehen werden, wenn überhaupt. Und wenn Sie weniger von sich überzeugt gewesen wären, hätte es dieses Urteil niemals gegeben. Aber auch diesen Fall werde ich wieder aufrollen lassen."

„Das werden wir noch sehen", schnappte Hofbauer, der nichts von seiner Arroganz eingebüßt hatte.

„Das hier glaube ich jetzt nicht", raunte Tom seinem Vater zu. „Der ist immer noch davon überzeugt, dass er nichts Falsches getan hat."

„Dazu erzähle ich dir gleich noch was, wenn wir zu Hause sind", versprach Robert.

Epilog – fünf Monate später

Nach nur fünf Verhandlungstagen wurde Kriminalhauptkommissar a.D. Hofbauer der vorsätzlichen Tötung und der versuchten Tötung schuldig gesprochen und zu lebenslanger Haft verurteilt. Selbst wenn er mit guter Führung nach fünfzehn Jahren eventuell aus dem Gefängnis entlassen würde, wäre er weit über neunzig und sein Leben würde vorbei sein.

„Sollen wir eine Revision beantragen?", fragte sein Anwalt ihn nach der Verkündung des Urteilsspruchs.

Hofbauer schüttelte resigniert den Kopf. „Hat doch keinen Zweck. Das erregt nur noch mehr Aufsehen, als es bis jetzt schon hat, und ist ein gefundenes Fressen für die Presse."

Seine ehemalige Lebensgefährtin, die im Zuschauerraum gesessen und seine letzten Worte gehört hatte, schüttelte mit einem bitteren Lächeln um den Mund den Kopf. Selbst dieser Prozess hatte ihn nicht geläutert, sein Erscheinungsbild in der Presse war ihm immer noch wichtiger als alles andere. Und wo hatte es ihn letztlich hingebracht? In den Knast. Er drehte sich zum Zuschauerraum um und flüchtig trafen sich ihre Blicke, doch sie schaute direkt wieder weg. Das Kapitel Hofbauer war für sie abgehakt – ein für alle Mal.

Auch Maria Köhler war an diesem Tag ins Gericht nach Koblenz gefahren. Die Prozesstage zuvor hatten sie nicht besonders interessiert, doch zur Urteilsverkündung hatte sie sich überwunden. Es änderte nichts an der Tatsache, dass sich ihr Leben von heute auf morgen geändert hatte, und es würde ihr auch ihren Johannes nicht zurückbringen. Trotzdem war dieser Termin für sie heute wichtig gewesen, um damit abschließen zu können. Sie hatte sich entschieden, das gemeinsame Haus zu behalten, schon allein des Hundes wegen und weil es ein Stück ihrer gemeinsamen Vergangenheit war – eine Erinnerung, die ihr nichts und niemand nehmen konnte. Und es gab einen weiteren Grund, der dem Leben wieder einen Sinn geben würde.

Sie blickte auf ihren inzwischen sichtbar gerundeten Bauch und legte eine Hand darauf. Sie trug sein Kind unter dem Herzen, das Kind, das sie nur wenige Tage vor seinem gewaltsamen Tod gezeugt hatten. Dieses Kind würde ihn in einem gewissen Sinne weiterleben lassen. Gestern hatte sie das erste Mal gespürt, wie es sich in ihrem Bauch bewegt hatte und ein warmes Gefühl hatte sie durchrieselt. Sie war zum ersten Mal wieder glücklich gewesen und sah Licht am Ende des Tunnels.

Fünf Tage nach der Verkündung des Urteils fanden die Wärter Kommissar Hofbauer a.D. tot in seiner Zelle. Er hatte das Bettlaken von seinem Bett gezogen, es in Streifen gerissen und sich am Fenstergitter erhängt.

„Vielleicht war es besser so", sagte einer der Wärter, die ihn gefunden hatten, als sie das Laken durchschnitten. „Wenn der hier überhaupt noch lebend rausgekommen wäre, dann als alter Tattergreis ohne einen Cent. Denn mit der Berühmtheit war es ja wohl auch vorbei, nachdem alle wussten, wie er zu seinen Erfolgen gekommen ist und vor allem, was er bereit war, dafür zu tun."

Sein Kollege blickte auf den toten Körper hinab. „Frei nach Nietzsche: Wenn du lange in einen Abgrund blickst, blickt der Abgrund auch in dich hinein."

„War nicht der erste Polizist, der den Versuchungen erlegen ist. Wer sein Leben lang Verbrecher jagt, der sieht vielleicht einmal zu oft, dass Probleme sich auch auf den nicht legalen Wegen lösen lassen."

Silvia Hansen erholte sich zwar langsam, aber vollständig von den schweren Folgen des Mordanschlags. Nach einigen Operationen fuhr sie noch für mehrere Wochen in eine Reha-Klinik im Norden Deutschlands, bis alle Brüche vollständig verheilt waren und sie das Trauma des Anschlags überwunden hatte. Niemals hätte sie sich träumen lassen, dass der Gefallen, um den Hofbauer sie einige Jahre zuvor gebeten hatte, sie einmal fast das Leben kosten würde. So richtig fassen konnte sie das immer noch nicht und sie hatte das einzige

Exemplar des Buches über Hofbauers wahre Kriminalfälle ganz hinten in ihr Bücherregal gestellt. Überrascht wurde sie noch einmal, als sie ein Schreiben des Verlags erhielt, dass die vollständigen Tantiemen für den Verkauf des Buches nach Hofbauers Tod auf sie übergingen, da es keine legitimen Erben gab. Da sie vorher eigentlich nur relativ überschaubare Summen im halbjährlichen Rhythmus erhalten hatte, hatte sie das nie so wirklich wahrgenommen. Einige Monate nach Hofbauers Tod jedoch ging auf ihrem Konto eine Gutschrift von mehreren tausend Euro ein, mit der sie zunächst nichts anzufangen wusste. Zwei Tage später lag ein Umschlag des Verlages in ihrem Briefkasten, in dem eine Tantiemenabrechnung des Buches war, das sie ‚gemeinsam' mit Hofbauer geschrieben hatte. Nach dem Freitod des Kommissars hatten eine Menge Leute unter anderem dieses Buch gekauft und so war eine durchaus beachtliche Summe an Tantiemen zusammengekommen, von der sich Silvia Hansen einen schicken neuen Laptop zulegte und sich eine schöne Reise nach England gönnte. Sie überlegte sogar, ihr Hobby – das Schreiben – wiederaufzunehmen. Nach der Enttäuschung mit Hofbauer hatte sie den Spaß daran verloren, aber warum sollte sie nicht einen weiteren Versuch starten?

Peter Rothenbaums Verfahren wurde noch einmal aufgerollt und es stellte sich heraus, dass er tatsächlich zu Unrecht verurteilt worden war. Hofbauer, der auf eine schnelle Verhaftung und damit einen schnellen Erfolg aus gewesen war, hatte die ganz offensichtlichen Hinweise auf einen anderen Täter ignoriert und so einen unschuldigen Menschen hinter Gitter gebracht. Wegen der Sachbeschädigung und den Drohbriefen wurde er nicht erneut verurteilt, schließlich hatte er bereits 15 Jahre seines Lebens unschuldig hinter Gittern gesessen.

Stefan Mahler ging mit seiner Familie direkt nach der Entziehungskur seiner Tochter Sabrina nach Hannover und übernahm dort Roberts Stelle als leitender Ermittler beim K9. Robert und Anna suchten sich eine Bleibe in Koblenz und Robert hatte bereits zum 01. Oktober, als

Tom seine Ausbildung an der Polizeiakademie begann, Mahlers Stelle als Dezernatsleiter des K11 in Koblenz übernommen. Pauline begann ihre Ausbildung zur Notfallsanitäterin und letztendlich waren alle mit der neuen Situation extrem zufrieden, auch wenn Robert immer noch von Zeit zu Zeit seiner Zusammenarbeit mit Marina Thomas nachtrauerte. Dafür hatte er mit Frank Jörgens und Jonas Weber zwei neue fähige Kollegen bekommen und die Abteilung sollte zum neuen Jahr noch um eine junge Kommissarin erweitert werden.

E N D E

ISBN 978-3-7584-0961-5

9 783758 409615

00005

www.epubli.com